陕西出版资金资助项目

遣唐使在长安

韩养民 唐 群◎ 著

陕西新华出版传媒集团
陕西人民教育出版社
·西安·

图书在版编目(CIP)数据

遣唐使在长安/韩养民，唐群著．－西安：陕西
人民教育出版社，2017.4（2021.7重印）
ISBN 978-7-5450-5192-6

Ⅰ.①遣… Ⅱ.①韩… ②唐… Ⅲ.①中日关系－文
化交流－文化史－中国－唐代 Ⅳ.①K242.03

中国版本图书馆 CIP 数据核字(2017)第 085646 号

QIANTANGSHI ZAI CHANG'AN

遣唐使在长安

韩养民　唐　群　著

出版发行		陕西新华出版传媒集团 陕西人民教育出版社
地　　址		西安市丈八五路 58 号
经　　销		各地新华书店
印　　刷		三河市兴国印务有限公司
开　　本		787 mm × 1092 mm　1/16
印　　张		17
字　　数		180 千
版　　次		2017 年 7 月第 1 版
印　　次		2021 年 7 月第 2 次印刷
书　　号		ISBN 978-7-5450-5192-6
定　　价		49.00 元

目　录

引子　想起遣唐使

　　在世界各国的关系史中，像中日两国之间这样友好往来，文化交流如此源远流长、如此频繁亲密的，恐怕是非常罕见的。仅就文字记载来说，中日两国之间的交往就有两千多年的悠久历史。在这两千多年的漫长岁月中，中日两国之间，除了在中国的元代、明代和近代曾有过一些极短的不愉快的时期和事件外，中日友好往来的历史，相互学习与文化相互渗透的历史，总是占据主流；即使在那些短暂的不愉快的时期，两国人民之间的友好感情仍然脉脉相通，从未间断。

　　中日两国友好往来与文化交流的历史长河，犹如自然界的江河湖海一样，有潮涨潮落：有时为汹涌的大河，有时为涓涓细流。如果说在日本明治维新以后，主要是中国向日本学习的中日交流的高潮时期，那么，在中国的隋唐时代——尤其是唐代，则主要是日本向中国学习的中日交流的高潮时期。特别是在唐代这个高潮时期中，日本在长达二百六十四年的时间里，前后向中国派出了十九次遣唐使团（包括三次任命而未成行的遣唐使团，一次迎入唐大使，一次护送唐大使，一次只到达朝鲜半岛），它不仅巩固和发展了两国的友好睦邻关系，更重要的是日本大批优秀的留学生、学问僧等参加遣唐使团来到中国，把两国的交流推广到政治、经济、军事、文化教育、文学艺术、体育娱乐乃至风俗习惯等各个领域，使两国的思想文化建立了牢不可破的联系，也在两国人民的日常生活与思想感情中播下了友好的种子。所以，唐代的中日交流高潮，对于中日两国友好往来与文化交流的整个历史具有极其重要的意义。它不仅把自古以来中日交往的涓涓细流汇成波澜壮阔的大河，而且为以后中日两国的世代友好奠定了可靠基础。

以遣唐使为主要方式的唐代中日交往，是中日友好往来与文化交流成功的一个光辉范例。当时日本的统治集团不惜为遣唐使投入那么多的人力和物力，日本的知识分子和普通的劳动人民不畏东海上的狂风巨浪，万里迢迢到当时世界上最先进的大唐帝国来学习，以推动日本社会的发展，促进日本民族文化的形成和繁荣。这不但说明当时日本的统治集团具有积极进取的精神，而且说明日本人民、日本民族有着克服困难、不怕牺牲、积极学习外来先进文化的优良品质。这种学习先进、积极进取的精神，此后一直被继承和发扬光大，并成为日本民族性格中不可分割的一部分。更难能可贵的是，日本民族在向外国学习方面既能采取"拿来主义"，兼容并蓄，又能通过自己"健壮的胃囊"把有用的东西吸收消化，变为自己的血肉，把无用的东西作为废物排泄出去。正如鲁迅先生所说的那样："日本虽然采取了中国许多的文明，刑法上却不用凌迟，宫廷中仍无太监，妇女们也终于不缠足。"（《出了象牙塔·后记》）众所周知，日本通过明治维新在实现国家近代化方面取得了成功。第二次世界大战后，日本在战争的废墟上迅速地恢复和发展了经济，成为世界经济大国，这些都和日本民族学习先进、积极进取的精神分不开。而这种精神正和日本古代积极派出遣唐使，向先进的唐朝学习的精神一脉相承。所以，我们今天研究日本派出遣唐使的历史，不但有利于中日两国的世代友好，更在于提醒人们，在推动建设和谐世界的进程中，虚心求教与开放包容才是各国间友好相处、共同发展的应有态度。

长安的国际地位

隋唐时期，随着国家统一、经济发展、社会安定，整个社会呈现出一派恢宏豪迈、开朗奔放、积极进取的景象。在对外关系上，来往于亚洲、非洲、欧洲国家的使节不绝于途，先后有七十多个国家和唐朝建立了关系。同时，唐王朝还对迁居中国的外国人采取优惠政策，到公元787年（唐德宗贞元三年，日本桓武天皇延历六年），迁居长安的中亚、西亚各国的侨民已达四千多户。当时长安城约有一百五六十万居民，而各国侨民约占总数的2%。长安成为一座各族人民聚居、各国侨民往来的国际性大都市。

宏伟的长安城

在一次聚会上，日本汉学家池田大作与英国历史学家汤因比兴致勃勃地谈起了华夏文明。池田大作即兴问道："阁下如此倾情古老的神州大地，假如给你一次机会，你更愿意生活在中国五千年漫长历史中的哪个朝代？"汤因比略作思索后回答："要是出现这种可能性的话，我会选择唐代。""那么……"池田大作试探性地说，"你首选的居住之地，必定是长安了。"

不只汤因比对唐朝如此青睐，中国新文化运动的主将——鲁迅也曾为了一睹"唐朝的天空"，于1924年专门来到"长安"，亲身体验它的伟大。

唐朝是一个统一的多民族国家，唐太宗在位期间实行了较为开明的民族政策，赢得了民族融合，迁居长安的少数民族数量十分可观。仅贞观时期迁居长安的突厥人就有一万户，而且突厥贵族被唐朝政府任命为将军、中郎将等五品以上官吏的就达百余人。当时，身着各式服装的边疆各族人民会聚长安，长安成为国内外各民族交往的中心。

唐都长安是一座国际性大都市，是中外经济文化交流的中心。《唐六典》记载唐王朝曾与三百多个国家和地区互相交往，每年都有大批外国客人来到长安。唐朝政府设有专门机构（鸿胪寺、礼宾院）负责接待外宾，并设置有翻译人员，提供各种交流便利。陕西乾县章怀太子墓墓道东壁的壁画《礼宾图》，就生动地描绘了中外友好往来的场面。

长安城里的上百万人口需要大量的商品供应，全国各地的商人和外国商人云集于此，兴贩贸易，使长安东西两市的商业达到了兴隆繁盛的高潮。仅见于历史记载的，两市行业就有铁行、肉行、笔行、大衣行、鞦辔行、药行、秤行、麸行、鱼店、酒肆、绢行、帛肆、衣肆、寄附铺（寄卖所）、波斯邸（专供波斯人居住或存放货物与交易的场所）等。唐朝后期，两市繁荣达到极盛。由于长安城规模大、人口多，为适应居民的需要，两市周围和城门附近的各坊也发展起来。如北宋宋敏求在《长安志》卷第八中记载崇仁坊:"一街辐辏,遂倾两市,昼夜喧呼,灯火不绝,京中诸坊,莫之与比。"这说明中唐以后,长安城工商业的发展,在地区上突破了两市的范围,在时间上突破了夜禁的限制。

长安城究竟有多大?据史料记载,唐长安城面积达 84 平方千米,是汉长安城的 2.4 倍,是明清北京城的 1.4 倍,比同时期的拜占庭王国都城大 7 倍,较公元 800 年所建的巴格达城大 6.2 倍,是当时世界上最大的都城之一。

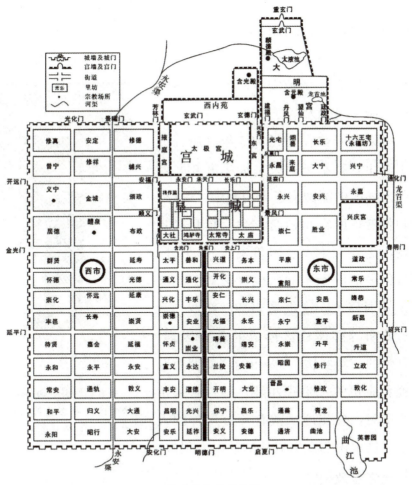

唐长安城平面布局图

开放的长安城

允许入境居住

南北朝和隋朝之后，唐朝再一次经历了大规模的民族迁徙。各民族进入唐境的主要原因有被迫内迁和寻求保护两种。当时因仰慕唐王朝经济文化生活而零散入境的人也很多。公元 630 年（唐贞观四年，日本舒明天皇二年），唐打败东突厥，十五万突厥人南下归附，入居长安的有近万家。公元 690 年（武周天授元年，日本持统天皇四年），西突厥可汗斛瑟罗率残部六七万人徙居内地，斛瑟罗后死于长安。此后，西域胡人等入境安居的人络绎不绝。

唐牵骆驼黄釉陶俑

唐朝政府曾在公元 737 年（唐开元二十五年，日本圣武天皇天平九年）对外国人移居中国做出了专门规定："化外人归朝者，所在州镇给衣食，具状送省奏闻，化外人于宽乡附贯安置。"另外，还可免去他们十年的赋税，这就更加吸引了外国移民，这也是粟特、新罗、大食、波斯等移民社区形成的重要因素。如登州的"新罗坊"、青州的"新罗馆"、敦煌和凉州的"昭武九姓"等。唐末黄巢之乱时，广州地区就有两万多外国人被杀，这也说明入境居住的外国人很多。

唐代明器，高 42.4 厘米。1957 年在陕西省西安市唐鲜于庭诲墓出土。

允许参政做官

唐王朝从中央政府到地方州县，都有外国人或异族人担任官职。如京畿道委任的 715 人次刺史中，异族人有 76 人次，超过总人数的十分之一，其中尚不包括早已同化者。安国人安附国一家三代在唐朝做官，康国商人康谦，高丽人高仙芝、王毛仲，日本人阿倍仲麻吕（留居中国五十年，后改汉名晁衡），龟兹人白孝德，波斯人李元谅、李素，越南人姜公辅，新罗人金允夫、金立之等都在长安任过高官。唐朝大胆地启用外族和外国人入仕为官，采取"兼容并包"的用人政策，无疑是其国际性交流眼光的表现，也可以说是中外双向互补的表现。

法律地位平等

按《唐六典》记载，盛唐时期有七十多个国家与唐王朝经常往来，外国人在唐朝居住者众多，因此，难免有违法犯罪现象。唐朝对外国侨民在中国领土上所发生的法律纠纷，有专门的法律规定：凡是外国人，同一国家侨民之间的案件，唐朝政府尊重当事人所在国家的法律制度和风俗习惯，根据他们的法律、风俗断案，享有一定的自治权；而对于来自不同国家的侨民在唐朝境内发生的案件，则按唐朝法律断案，在法律地位上与汉人完全平等，没有特别的法外治权。这种涉外立法，体现了唐朝立法的属人主义和属地主义原则，具有深远的意义。

保护通商贸易

公元 627 年（唐贞观元年，日本推古天皇三十五年），唐朝就已开放关禁："使公私往来，道路无壅；彩宝交易，中外匪殊。"公元 630 年（唐贞观四年，日本舒明天皇二年），西域各国派遣商使入唐，唐太宗下诏"听其商贾往来，与边民交市"。此后，丝绸之路和"香料之路"使西域诸国的商旅源源不断地进入河西与长安，海上商船也络绎不绝地到达中国南部沿海城市。唐王朝对通商贸易非常重视，不仅在中亚一带驻扎军队保护商旅安全，而且收取的商税较低。大批外国商人经由陆路和海道来到长安以及洛阳、广州、泉州、扬州等地，运来香料、药材和珠宝，带走丝绸、陶瓷等物品。在长安的许多胡商以经商致富而闻名。正因为唐王朝对外商持优惠政策并加以保护，有时甚至给予特殊照顾，鼓励交易，如每年冬季都要给"蕃客"供应三个月柴薪取暖，所以胡商乐不思蜀，"安居不欲归"。

允许通婚联姻

异国或异族通婚是打破"华夷之辨"的一个重要内容。唐太宗贞观二年（628）六月敕令称："诸蕃使人娶得汉妇为妾者，并不得将还蕃。"唐律令格式中也有类似规定。从出土的唐代墓志中可以看出，异族联姻非常普遍，特别是散居内地者更容易胡汉联姻。据史书记载，唐高祖十九个女儿中有七个嫁给胡族，唐太宗二十一个女婿中有八位异族驸马，唐玄宗三十个女儿中有五个嫁给胡族大臣。大臣中如裴行俭、张说、唐俭、于休烈、史孝章等人也皆是胡汉联姻。日本遣唐使藤原清河即娶长安女子为妻。还有许多胡人与汉人通婚的事例，如武周时游击将军孙阿贵的夫人竹须摩提就是位印度女子。

文化开放互融

盛唐时期的中国，通过丝绸之路对世界产生了重要影响，使得世界各国文化在长安城中交汇，形成了史无前例的创造性风貌。阿拉伯商人苏烈曼于公元851年（唐宣宗大中五年）到中国广州一带经商后，西归写成《苏烈曼游记》，称颂中国平等对待外来的穆斯林。他在书中写道："各地回教商贾既多聚广府，中国皇帝因任命回教判官一人，依回教风俗，治理回民。判官每星期必有数日专与回民共同祈祷，朗读先圣戒训。终讲时，辄与祈祷者共为回教苏丹祝福。判官为人正直，听讼公平。一切皆能依《可兰经》圣训及回教习惯行事。故伊拉克（Irak）商人来此方者，皆颂声载道也。"他又赞颂城市内的管理制度："中国旧俗，当凶年时开放公仓，施舍食物及药材于贫乏者。政府设立学校，并供给一切。政治公平，有条不紊。官吏等级，序列详明。公事商业往来，皆用笔书写后而行之。递呈官府，文辞格式，尤须精究，不合格者不上呈也。钱币不用金银，而皆以铜铸成。人死后，有停棺数年不葬者。旅行者，国家有一定保护方法。瓷器制造方法巧妙，用水酿酒，渴则饮茶。各城长官卧时，枕边有铃，以绳系之，通至大门外。欲申冤者，可来拉绳。铃响则官召人，代为平之。"

西域文化与外国文化在唐长安长期流行，并成为时尚。其中舞乐最为突出，宫廷十部乐中，除燕乐、清商乐之外，龟兹乐、西凉乐、天竺乐、安国乐、疏勒乐、高昌乐、康国乐、高丽乐均为外来乐曲，竖箜篌、琵琶、都昙鼓、毛贞鼓、羯鼓等乐器也皆由波斯、印度等国传入。唐长安盛行来自外国的娱乐，如由"婆罗门胡"表演的幻戏，宫廷和民间都喜欢打的波罗球，以及每年正月十五夜"西域灯轮千影合"的游乐活动都由外国传入。打马球源于吐

三彩载乐驼俑

驼背上坐着一支小乐队，中间站一女伎，正在歌舞。现藏于陕西历史博物馆。

蕃，西传波斯后再传至唐都长安，人称"波罗"。马球用轻而有韧性的木料挖空制成，涂红漆，绘花纹，球杖一端弯曲，亦绘彩绘。马球场的球门分单门、双门两种。单门是一木板墙，墙下开一个一尺见方的孔，加上网，赛手设法避开阻挡者，将球击入门内，击入多者获胜。这样激烈的"军中戏"在唐代妇女中也受到偏爱，唐代诗人王建就有"十对红妆妓打球"诗句，可见唐代妇女的飒爽英姿。

发源于印度的佛教在传入中国后，又大量传入与中国毗邻的各国。比如当时帝王陵墓前的华表，本是作为门阙的，但后来增加了许多外来文化因素：有印度式的莲花基座，有如古巴比伦风格的带棱圆柱形躯干，有与波斯祆教相吻合的太阳，还刻有东罗马式的卷草、忍冬花纹。唐长安城的这种国际性特色，正显示出中国当时在世界上的崇高地位。

盛唐长安城最引人注目的是其高度的文明水准，这尤其体现在对知识的崇尚上。公元 645 年（唐贞观十九年，日本孝德天皇大化元年），玄奘西行天竺后返回长安，当他从朱雀街赴弘福寺时，沿途几十里全是瞻仰的百姓与官员。为了避免人们互相踩踏，朝廷下令："令当处烧香散华，无得移动。"于是这数十里间到处香烟缭绕，诵声交织，连绵不绝。唐太宗见玄奘学识渊博，谈吐机智，认为他有担任公卿要职的才干，便劝他还俗，协助皇帝处理政事。玄奘回答说："我从小进入释门，笃信佛教，对儒学很生疏。若让我还俗，无异于让在河上行走的船离水上岸，不仅不起作用，而且还会变成朽木。所以，我只愿终身传法，以报国恩。"唐太宗见玄奘对佛事如此坚决，便也不再强求。不过，他对玄奘的尊敬并无丝毫减弱，以至于临终前曾多次感叹："朕与法师可惜相见太晚，没有能广兴佛事。"

李白二十岁时途经成都，恰好中书侍郎苏颋出任益州刺史，便投诗自荐。苏颋看了李白的诗文后对幕僚说："此子天才英丽，下笔不休。虽风力未成，且见专车之骨；若广之以学，可与相如比肩也。"二十年后，李白来到长安，见到身为秘书少监的老诗人贺知章。贺知章还未读完李白所写的《蜀道难》，便称李白为"谪仙"，并且摘下所佩金龟，换取美酒与李白一道痛饮。

二十三岁的李商隐随表叔崔戎自华州上任途中经过洛阳，富商的女儿柳枝从李商隐堂弟李让山那里读到李商隐写的《燕台四首》，立刻拉断长带作结，向李商隐表露爱慕之情。

诗人刘禹锡患眼疾时，曾写有《赠眼医婆罗门僧》一诗，记述了来自印度的僧人擅长治疗眼疾的事实："三秋伤望眼，终日哭途穷。两目今先暗，中年似老翁。看朱渐成碧，羞日不禁风。师有金篦术，如何为发蒙。"

公元 848 年（唐宣宗大中二年，日本仁明天皇承和十五年），日本王子到长安见到唐宣宗。据《旧唐书·宣宗本纪》记载：唐宣宗听说这位王子擅长围棋，便派出当时的围棋高手翰林院棋待诏顾师言与这位王子对弈。顾师言"惧辱君命，而汗手凝思，方敢落指"，终于为大唐皇帝保住了面子。

公元 710 年（唐中宗景龙四年）春，唐中宗嫁金城公主入藏与吐蕃赞普尺带珠丹成婚，吐蕃迎亲使臣要求与大唐帝国来一次马球比赛。当时，唐中宗调出的马球国手有：临淄王李隆基（即后来的唐玄宗）、嗣虢王李邕、驸马杨慎等人。

　　吴道子被称为"百代画圣"，他因为绘画技艺高超而被唐玄宗召入宫中，为内教博士。他到长安兴善寺作画时，市民蜂拥围观。当他"立笔挥扫，势若旋风"时，四下一片喧呼赞叹。

　　书法家柳公权强调"用笔在心，心正则笔正"，取得普遍认同，"当时公卿大臣家碑板，不得公权手书者，人以为不孝。外夷入贡，皆别署货贝，曰此购柳书"。

　　这些人们所崇尚的艺术造诣，可以为作者争得名誉地位。而历史上一向被鄙视的商人，只要真能发财，一样有发迹的机会。唐玄宗曾召见大商人王元宝，问其家财多少。王元宝说："臣请以绢一匹，系陛下南山树；南山树尽，臣绢未穷。"唐玄宗叹道："我闻至富可敌贵。朕天下之贵，元宝天下之富，故见耳。"这样的一种风气，使得知识技艺成为城市生活中衡量价值与市民地位的重要依据。

　　穿戴外国异族服饰，成为当时社会的流行风尚，这是其他朝代比较少见的现象。唐代长安"胡著汉帽，汉著胡帽"的现象非常普遍，胡汉风俗融合的结果竟使司法参军无法捕捉"胡贼"。所以，史书称开元以来"太常乐尚胡曲，贵人御馔，尽供胡食，士女皆竟衣胡服"。可以说，唐长安城是一个兼容外来服饰文化的中心。至于"胡食"，在长安也比比皆是，东市和长兴坊都有专门的胡食店。白居易的《寄胡饼与杨万州》更是众口传知："胡麻饼样学京都，面脆油香新出炉。"近年来，在西安地区考古出土的文物中，胡人女子骑马陶俑和胡人三彩俑不胜枚举，甚至还有一些"昆仑"黑人俑，这些正反映了当时社会生活的"胡化"状况。

此俑现藏于新疆维吾尔自治区博物馆。女俑上穿橘黄色低圆领短袖襦，下着蓝棕色相间的竖条纹宽松式裤；白肤红唇，头梳高髻，戴垂纱帷帽，纱笼娇颜，半遮半露，骑着一匹红马潇洒地出游。帷帽原为居住在西北地区的游牧民族出门时防风用的实用性帽子，传到中原地区后成为贵族妇女出游的时尚性装束，在唐初十分流行。朝廷曾禁止这种风尚，谁知越禁越风行，以至"则天之后，帷帽大行"。

唐戴帷帽女骑马俑

此俑1972年出土于陕西省礼泉县唐李贞墓，现藏于唐昭陵博物馆。女俑面庞圆润，细眉朱唇，额上画有四个黑色圆点细花钿。内穿淡黄色窄袖衣，外套圆领半臂，系绿色长裙，足着圆头鞋，一手下垂，一手置于胸前。此俑为初唐妇女骑马出行的写真。最引人注目之处在于女俑头戴"山"字形宝相花纹翻沿胡帽，由此可见唐代崇慕胡风、胡风盛行的情况。

唐三彩女骑马俑

此俑1957年出土于陕西省西安市唐鲜于庭诲墓。此俑头带幞头。幞头是唐代男子的一种巾帽，用一块黑色的布帛或纱、罗缠裹，其形可随意变化。唐初幞头顶部较为矮平，以后不断变高、变圆、变尖，巾的两脚下垂。中晚唐时幞头内衬帽胎，摘戴方便。此俑身穿浅黄色翻领窄袖袍服，是唐代风行的胡服之一。

唐三彩牵马俑

使节留学生云集长安

使节云集

唐朝作为当时一个强大的国家，非常注意中外交流。除中亚的康国、石国、安国、曹国等保持着独特的国际封贡体制外，新罗使节到唐长安八十九次，大食国（阿拉伯帝国）使节进入长安四十一次，林邑二十四次，日本遣唐使十九次，真腊十一次，狮子国（斯里兰卡）三次。至于史书记载次数不详的高丽、百济、婆罗门五天竺（印度）、泥婆罗（尼泊尔）、吐火罗（阿富汗）、骠国（缅甸）、波斯、拂菻（东罗马）以及北非、中东诸国等，都与大唐王朝交往频繁。唐人的视野比任何一个时期的中国人都更为开阔，外来文明的火炬在中国比任何一个朝代都传播得更远。

作为亚欧文明演进的核心国家，唐朝政府也频繁派出使臣出访，并划拨政府专项费用给予支持。唐太宗贞观十七年（643）后三次出使天竺的王玄策，唐高宗龙朔三年（663）出使拂菻的阿罗憾，唐高宗麟德元年（664）出使日本的郭务悰等等，都是唐朝著名的外交家。

留学人员云集

唐朝经济的强大、文化的繁荣，吸引着周边诸国一批批外国学子泛海越岭来到大唐留学。据《资治通鉴》卷第一百九十五载，唐太宗贞观十四年（640），长安国子监增筑学舍并增加学员，"于是四方学者云集京师，乃至高丽、百济、新罗、高昌、吐蕃诸酋长亦遣子弟请入国学，升堂讲筵者至八千余人"。在唐朝二百多年历史中，日本派到中国的遣唐使即达十九次三千人之多。随同使臣到中国来的其他官员、僧人、留学生人数更多。此后，来自周边诸国的留学生络绎不绝。唐朝政府对留学生给予优待，补助日常生活费用，四季发放被服，允许他们在国子监太学、四门学等一流学校读书。特别是在科举入仕方面，为了照顾外国和其他少数民族的学生，特设"宾贡进士"科。由于大量留学生的主要生活费用要由唐朝政府负担，所以唐朝政府不允许他们无限期留居大唐，规定超过九年就要另谋出路。

各国入唐学生对当时国际性的交往起到了巨大的推动作用。他们在长安为其国家招聘人才，交结其他国家的使节，搜集或出资购买书籍。特别是他们将学习、了解到的唐文化与典章制度传播到各国，使其增加了盛唐气象中的国际色彩。

《礼宾图》（又名《宾客图》）

在唐章怀太子李贤墓的墓道东西两壁各绘有一幅礼宾图。此图是东壁的一幅壁画，纵187厘米，横342厘米。画面共有6人，左边3人为唐鸿胪寺官员，头戴笼冠，身着红袍，手执笏板，正侃侃而谈，接待友好宾客。左起第5人头戴羽冠，身穿红领白袍，腰束宽带，着黄靴，据《旧唐书》有关日本、高丽的记载推断，似为日本或高丽使节。其他两人可能是东罗马使节和中国东北少数民族来宾。礼宾官与使节位置安排得当，主次分明。人物形象写实，特征显著，神采飞扬，气氛严肃和谐。线条流畅精练，根据人物官品、国别、民族特征而随类赋彩，着色浓淡相宜。这幅具有确切年代的壁画，表现了唐都长安这个国际性大都市与各国各民族间的友好往来，可见唐朝中外经济文化交往的频繁。

遣隋使——遣唐使的先驱

中日交往始自远古，信使往还，屡现史籍。例如《后汉书·东夷传》上即有"建武中元二年（57）倭奴国奉贡朝贺……建武赐以印绶"的记载。其后《魏志·倭人传》上记载日本女王卑弥呼先后于公元239年（魏明帝景初三年，日本神功女王三十八年）及公元243年（魏齐王正始四年，日本神功女王四十二年）两次遣使朝贡。又据《晋书》等记载，公元266年（晋武帝泰始二年，日本一兴天皇十七年）日本天皇曾派遣由二十人组成的使团来朝。据《宋书》记载，公元413年（晋安帝义熙九年，日本允恭天皇二年）至公元502年（魏宣武帝景明三年，日本武烈天皇四年），日本的赞、珍、济、兴、武等五王（即《日本书纪》所载的仁德天皇、反正天皇、允恭天皇、安康天皇、武烈天皇）先后有十三次遣使朝贡。但这些使节来朝，只是一般的修好，并不具有文化交流的意义。自公元600年（隋文帝开皇二十年，日本推古天皇八年）至公元614年（隋炀帝大业十年，日本推古天皇二十年），日本派出的遣隋使则具有政治目的和文化使命，而随之派出的留学生和留学僧，则是日本直接向中国全面汲取文明的开始，也是之后规模巨大的遣唐使的前奏。

圣德太子对中国的向往

圣德太子生于公元 574 年（北周武帝建德三年，日本敏达天皇三年），其父母是用明天皇和穴穗部间人皇女，其祖母坚盐媛积极推崇佛教，是同"渡来人"（考古学家把古代日本从中国或朝鲜半岛迁移到日本的人口及其后裔称为"渡来人"，或称"归化人"）有密切关系的苏我氏出身，她膝下有用明天皇和推古天皇。公元 593 年（隋文帝开皇十三年，日本推古天皇元年）推古天皇即位后，圣德太子被立为太子，并摄政参与朝廷政事。

圣德太子原名厩户皇子。据说，其母穴穗部间人在宫中巡视，走到马厩时，突然要分娩，圣德太子因而得此奇名。不过，有日本学者指出，因当时中国盛行景教（基督教的一派），受其影响，太子也按照基督诞生的故事而命名。

关于圣德太子的传奇故事很多。如有人说他在诞生时面向东方，口中念念有词，连呼"南无阿弥陀佛"，还有人说他一个人能同时听取数人的诉讼等。

这些故事在日本几乎妇孺皆知，但这无疑也是后人为了美化圣德太子而虚构的。历史上的圣德太子确实功绩卓著，在日本国家雏形及日本人精神结构的形成过程中，具有深远的影响。

在苏我氏同物部氏围绕着是否接受佛教理论的论战中，圣德太子义无反顾地站在苏我氏一方，积极倡导接受来自中国的新思想、新文化。他在斑鸠等地修建佛寺，潜心钻研来自中国的儒学、佛学理论，从而奠定了古代日本的治国理论基础。

随着不断引进中国的先进技术，日本本土的生产力水平也在不断提高，地方豪族以雄厚的经济实力为后盾，开始与大和朝廷分庭抗礼。与此同时，地方豪族围绕着王位继承的权力斗争也在不断激化，甚至发展到了武装暴乱。这些都直接威胁着大和政权的统治地位，早日确立以天皇为中心的中央集权体制成为当务之急。在这种历史背景下，圣德太子先后在公元 603 年（隋文帝仁寿三年，日本推古天皇十一年）、604 年（隋文帝仁寿四年，日本推古天皇十二年）制定了《冠位十二阶》和《宪法十七条》，可见其中的重视君臣、长幼等秩序的中国儒家思想对日本的深刻影响。

《冠位十二阶》制度，是将朝中官吏的冠位按照"德""仁""礼""信""义""智"等来分高下，组成十二阶位，又以紫、青、赤、黄、白、黑等不同颜色制定冠冕，表示其阶位的尊卑。这一制度与过去世袭的氏族"姓"不同，而是根据个人的能力和功绩授予冠位的。同时，还视贡献大小予以升迁。新的冠位的确立，打破了因出身门第而世代独揽政权的弊端，从而向中央集权体制迈出了可喜一步。

在《冠位十二阶》中，虽排列不等，但任何人都可以由此联想到中国儒家的"五常"（仁、义、礼、智、信）思想。也就是说，《冠位十二阶》中的名称是在中国儒家的"仁""义""礼""智""信"的基础上，再冠以"德"而形成的。

至于《宪法十七条》，其目的在于规定新兴官僚的政治、道德准绳。这在法度的范畴内加强了大和政权的统治基础。

《宪法十七条》的主要内容包括：（1）确立天皇的统治地位，明确君臣支配关系；（2）树立中央集权体制，加强对地方豪族的管理；（3）以佛教为政治根本；（4）各级官僚应遵守的具体规章制度等。

在日本历史上，这是第一次出台成文法律，其根本目的在于强化政治体制中的皇权思想，提倡绝对的忠君思想。为了达到这一目的，圣德太子还把世袭的爵禄转化为中央集权制中的官僚，从而加强对地方豪族的管理，以缓和大和政权与地方豪族之间的矛盾。

在《宪法十七条》思想中，中国的儒家、法家及佛教的思想显而易见。第一条"以和为贵"，来源于《礼记·儒行》《论语·学而》；第三条"天覆地载"，来自《礼记·中庸》；第六条"劝善惩恶"，是根据《左传·成公十四年》而得；第十一条"明察功过，赏罪必当"，来源于《管子·九守》及《韩非子·主道》等等。

日本国内进行改革的同时，圣德太子将目光投向了强大的邻国——中国。此时的中国已经结束了400多年的分裂割据，建立了统一的隋王朝。为了广泛吸取中国的先进文化，健全日本的政治体制，圣德太子重新恢复了同中国的直接交往，向统一的隋王朝派出了遣隋使。这是日本政府积极派遣大型使团直接吸收中国先进文化的开端。

唐本御影中的圣德太子（左起第二位）

圣德太子坐像

小野妹子入隋

在《隋书·东夷传·倭国》的末尾，有着这样的记载："大业三年（607），其王多利思比孤遣使朝贡。"其实，在隋文帝开皇二十年（600），倭王多利思比孤就曾向隋朝派遣过使者。《隋书·东夷传·倭国》载："开皇二十年（600），倭王姓阿每，字多利思比孤，号阿辈鸡弥，遣使诣阙。"《北史·倭国传》也有同样的记载。这件事虽然见于《隋书》《北史》，但《日本书纪》却没有明确记载。当时隋王朝已完成统一大业，颇具国威，这一年突厥、高丽、契丹等东方诸国多入隋朝贡。圣德太子开始摄政的时间是公元593年，因此，大多数学者认为多利思比孤就是圣德太子。据此情形来看，公元600年（隋文帝开皇二十年，日本推古天皇八年），日本遣使来朝，当属可信。

第二次遣隋使始于公元607年（隋炀帝大业三年，日本推古天皇十五年），次年四月返回日本。《日本书纪·推古天皇纪》中对此记有：本年，任命小野妹子为使者，鞍作福利为翻译，前往隋朝。关于这件事的记载，中国方面和日本方面完全一致。小野妹子是日本第五代天皇孝昭天皇的后裔，是一位豪族世家子弟，因其祖先居住在近江滋贺郡小野村而得此姓，他当时官居冠位十二阶之第五阶上。而作为翻译的鞍作福利则是渡来人后裔，因此会说中国话。

当时，新罗并未归顺日本，而征讨新罗的计划又中途夭折。圣德太子派出遣隋使的目的，一方面是认为这样做能在与高丽的外交关系中保持有利形势，另一方面是想从已经统一南北的隋王朝学习中国的进步文化。因此，从第二次遣隋使开始，日本就大批地派遣留学生、留学僧随同遣隋使前往中国学习。

小野妹子一行乘坐的是什么样的船只，现在几乎一无所知，但可以肯定的是不会像独木舟那样原始，其大概是用若干块木板钉合而成，应该是能够乘坐四五十人的大船吧。他们乘船从筑紫（北九州）出发，途经壹岐、对马，抵朝鲜，沿朝鲜半岛西海岸北上，横越黄海到达山东半岛，然后从陆路前往东都洛阳和西京长安。沿途向导是一位百济人。洛阳作为隋朝第二大城市，是相当繁华的。带着各种贡物前来洛阳的使者大约来自三十个国家。当时隋朝刚刚攻下了琉球（今台湾地区），带回了大批的战争俘虏。

小野妹子一行简直是目不暇接。当夜幕降临后，街上的灯光交相辉映。在大剧场、驯象的马戏团表演场等热闹去处，人潮涌动，摩肩接踵。外国使者所到之处，饮食都免费供应，真可谓"物资丰足，世界第一"，区区小钱大可不要。都城街道两旁的树木全用绢帛缠绕，面对此情此景，一位外国使者唐突地问道："树上缠了这么多绢，而很多人却衣不蔽体，为什么不能分一些给他们呢？"隋朝官员听后，不禁面红耳赤，无言以对。如同传说的那样，隋炀帝豪华铺张地盛情招待着外国的使者们。这一方面是为了显示大国皇帝非同凡响的气派，另一方面则主要是希望以此吸引更多的国家前来朝贡。

遣隋使小野妹子画像

发怒的隋炀帝

小野妹子在中国使用了苏因高（日本学者认为苏因高是小野妹子的音译）这个名字。使团一行被接进鸿胪客馆，受到盛情款待。随后，他们呈上了带来的国书，国书是由渡来人绞尽脑汁写成的一封汉文信。这封信在《日本书纪》上没有记载，仅见于《隋书》中。信的开头写着：

"日出处天子致书日没处天子无恙……"

对于隋朝来说，仅仅是东夷之一的一个小国，却拿出与大隋王朝平起平坐的国书，可以说简直是妄自尊大、不成体统。隋炀帝不禁勃然大怒，对鸿胪寺卿说："蛮夷书无礼者，勿复以闻！"意思是这样无礼的信，以后不要再拿给我看。在隋炀帝盛怒之下，使者们唯唯而退。小野妹子肯定是极为尴尬的，后来通过使团成员千方百计向隋炀帝做了各种解释，反复说明"在我国由于没有一人长于文章，因而难免言不尽意、前后错乱……"后来，从大局出发，隋炀帝并没有立刻毁弃或退回国书，仍然命令鸿胪寺卿款待日本客人。第二年四月，小野妹子归国的时候，隋炀帝决定派遣以文林郎裴世清为首的十三名官员组成使团赴日本回访。之所以如此，与其说是隋炀帝改变了心意，不如说是隋朝鉴于朝鲜半岛的险恶形势，为牵制倭国而采取的一个外交手段。

裴世清一行在日本受到隆重的欢迎。

隋炀帝画像

据《日本书纪》卷二十二载，八月三日，日本圣德太子特遣官员携七十五匹盛装骏马，迎接隋使进飞鸟京（今日本奈良）。八月十二日，推古天皇身着锦衣绣袍亲自召见裴世清一行，各位皇子与诸大臣都盛装出席。隋朝皇帝的礼品被摆放在大厅中央，裴世清向推古天皇拜呈国书。至于国书的内容，《隋书·东夷传·倭国》是这样记载的：皇帝问倭皇好，得知日本"抚宁民庶，境内安乐，风俗融和""远修朝贡"，深表嘉赏，"故遣鸿胪寺掌客裴世清等"前来致意并赠送礼物。日本天皇则欣喜地表示："我闻海西有大隋，礼义之国，故遣朝贡。"日本天皇还希望能够得到中国礼仪文明的教化，接着又举行盛大宴会为隋朝使团送行。

第三次遣隋使的双重使命

为护送隋朝使节归国，小野妹子再次踏上出使隋朝的路程。这次同行的有高向玄理、南渊请安、僧旻等留学生和学问僧共八人。为了避免矛盾，日本使者这次呈上的国书中改了称呼，不再用"日出处""日没处"之类的修饰语，而改为"东天皇敬白西皇帝……"。东西之分，是地理方位的含义，而"日出处"和"日没处"，则不仅有先后之分，还有升降之别。这样一改，无非是想表明日本国并没有别的用意，将"致书"改为"敬白"，又增添了几分恭敬和尊重。当然，这些都是在外交辞令上做文章，实际上，日本人将自己的国家看成是与中国平等的独立国家，这一原则立场，他们是非常坚持的。

第三次遣隋使的派遣，既是出于外交礼节上的考虑，更重要的目的则在于派遣留学生、学问僧赴隋留学，汲取先进文化，特别是学习佛教。圣德太子听说隋文帝即位后一反北周武帝之废佛毁释，而是大力复兴佛教，国内大治，便也想仿效，借以治理当时大和朝廷内皇族和贵族之间的内讧、倾轧，特别是苏我氏势力凌驾于皇室之上的局面。他除了在推古天皇十一年（603）制定《冠位十二阶》制度，从立法上把豪族官僚化，并于翌年发布《宪法十七条》，推行统一权力于天皇的中央集权政治，进而企图把崇奉多种多样神祇的豪族吸引到信奉佛教上来，从宗教上统一信仰，以缓和豪族间的对立斗争。故《隋书·东夷传·倭国》上记述，此次遣隋使来朝，有"使者曰：闻海西菩萨天子重兴佛法，故遣朝拜，兼沙门数十人来学佛法"之语，可见学习佛法即是这次遣隋使的使命之一。

这次遣隋使的另一使命是派遣留学生来长安学习中国文化。

小野妹子在完成出使任务，安顿好日本留学生、学问僧后，就先行回国了，而跟随小野妹子到中国的八位留学生、学问僧则在长安停留了很长一段时间，直到唐初，他们才先后回国。这些遣隋留学生对中国风物、人情、文化、典制都有较为深入而详细的了解。据《日本书纪》记载，他们中的留学生有福因（留学十六年）、惠明（留学时间不详）、高向玄理（留学三十二年）、大国（留学时间不详）四人；学问僧僧旻（留学二十五年）、南渊请安（留学三十二年）、志贺惠隐（留学三十二年）、广齐（留学十六年）四人。事实上，随遣隋使来中国的留学生、学问僧远不止这八人。因为《隋书》上记载有"沙门数十人来学佛法"之语，而《日本书纪》亦有推古天皇三十一年（623）回国的学问僧惠光、惠日，舒明天皇四年（632）回国的学问僧灵云、胜鸟养，以及舒明天皇十一年（639）回国的学问僧惠云的记载。他们都是遣隋使时代的留学生、学问僧。这一批遣隋留学生、学问僧后来对于移植中国文化以及日本政治改革都做过很大贡献。特别是高向玄理和南渊请安，这二人在中国留学的时间长达三十二年之久，目睹了隋、唐的朝代更替，目睹了封建时代中华文明发展到顶峰的过程。他们回国后向日本统治者进献了在中国所学到的一切，这些为日本后来的政治革新提供了丰富的知识和经验，他们也成为日本历史上有名的"大化改新"的核心人物。

公元615年（隋炀帝大业十一年，日本推古天皇二十三年），圣德太子又向隋派遣了第四次使团。这次使团以犬上三田耜（又名犬上御田耜，《隋书》称犬上御田耜；《旧唐书》《新唐书》则称犬上三田耜，他们是同一个人，本书统一称为犬上三田耜）、矢田部造为正副大使。犬上三田耜等翌年回国复命。这次遣隋使只见于《日本书纪》，但记载不详，而《隋书》则无记载。

遣隋使的路线，相当于后来遣唐使初期的北路，即从筑紫（北九州）经壹岐、对马，抵朝鲜，再沿朝鲜半岛西海岸北上，横渡黄海至山东半岛登陆，然后从陆路至洛阳、长安。参照《隋书·东夷传·倭国》所载："上遣文林郎裴世清使于倭国。度百济（朝鲜半岛西南部），行至竹岛（位于全罗南道珍岛西南的小岛），南望聃罗国（济州岛），经都斯麻国（即对马），迥在大海中。又东至一支国（壹岐），又至竹斯国（筑紫）……"可见，往复路线相同。

中国文化对日本的影响，并非自遣隋使开始。中国秦汉时代高度发达的古代文化，早已以朝鲜半岛为桥梁，经过各种途径传播到当时还处在刻木结绳、没有文字、以渔猎为主、初知稻作的落后的日本。只是这种文化的传播，完全是循着自然演变，并没有有意识的人为努力。随着中国先进文明的逐渐渗透以及对日本民族从物质到精神生活的影响的日益加深，当时略通中国典籍、粗知中国文化的日本先觉者们，例如当政的圣德太子等，便产生了直接汲取中国优秀文化的念头。因此，遣隋使的历史意义在于它标志着日本民族不满足于自然传播，而采取派遣使团、留学生与学问僧等直接汲取中国先进文明以改造国家的积极行动的肇始。他们当之无愧的是后来长期、连续派遣的遣唐使的先驱。此后，中日关系进入到了一个大放异彩的"遣唐使"时代。

遣隋留学生南渊请安画像

遣隋留学生与学问僧

公元 607 年（隋炀帝大业三年，日本推古天皇十五年），小野妹子再度入隋，随行的有四名留学生、四名学问僧，还有在公元623 年（唐高祖武德六年，日本推古天皇三十一年）回国的学问僧惠光、惠日，公元 632 年（唐贞观六年，日本舒明天皇四年）回国的学问僧灵云、胜鸟养，公元 639 年（唐贞观十三年，日本舒明天皇十一年）回国的学问僧惠云等。他们入隋年代虽不见史籍记载，但日本学者认为可能是随同第四次遣隋使犬上三田耜去中国的。

遣隋留学生、学问僧一览表

人　名	入隋年代及乘船	返日年代及所乘船只	留学年数	资料来源
福因	推古天皇十六年，遣隋使小野妹子的船	推古天皇三十一年，新罗使船	16	《日本书纪》
惠明	推古天皇十六年，遣隋使小野妹子的船	不详	不详	《日本书纪》
高向玄理	推古天皇十六年，遣隋使小野妹子的船	舒明天皇十二年，新罗使船	32	《日本书纪》
大国	推古天皇十六年，遣隋使小野妹子的船	不详	不详	《日本书纪》
僧旻	推古天皇十六年，遣隋使小野妹子的船	舒明天皇四年，遣隋使犬上三田耜的船	25	《日本书纪》
南渊请安	推古天皇十六年，遣隋使小野妹子的船	舒明天皇十二年，新罗使船	32	《日本书纪》
志贺惠隐	推古天皇十六年，遣隋使小野妹子的船	舒明天皇十一年，新罗使船	32	《日本书纪》
广齐	推古天皇十六年，遣隋使小野妹子的船	推古天皇三十一年，新罗使船	16	《日本书纪》
惠光	不详	推古天皇三十一年，新罗使船	不详	《日本书纪》
惠日	不详	推古天皇三十一年，新罗使船	不详	《日本书纪》
灵云	不详	舒明天皇四年，遣隋使犬上三田耜的船	不详	《日本书纪》
胜鸟养	不详	舒明天皇四年，遣隋使犬上三田耜的船	不详	《日本书纪》
惠云	不详	舒明天皇十一年，新罗使船	不详	《日本书纪》

从上表中可以看出，虽然史上留名的遣隋留学生仅十余人，并不算多。但值得注意的是，他们留学时间很长，有的长达二三十年，即使他们没有特别用心地学习中国文化，但也必然在全方位地接触中国文化后而有所见闻。遣隋留学生人数虽少，但对日本文化所起的影响却非常显著。他们留学期间，正当隋末唐初，也是唐代宫廷礼仪、政府组织以及各种典制逐渐完备的时期。现在，根据《旧唐书》《新唐书》的《刑法志》，《唐会要》卷三十九，《资治通鉴》卷一百八十五等，把遣隋留学生、学问僧在留学期间唐朝所编的法典，摘要列表如下：

名　称	撰　者	颁行年代	卷数及其他
《武德新格》	刘文静等	唐高祖武德元年（618）	依据隋《开皇律》《开皇令》，经增删后，共五十三条
《武德律》	裴寂、萧瑀等	唐高祖武德七年（624）	以隋《开皇律》为基础，篇目亦拟《开皇律》，凡十二卷，五百条
《武德令》	裴寂、萧瑀等	唐高祖武德七年（624）	以隋《开皇律》为基础，共三十卷
《贞观律》	房玄龄等	唐太宗贞观十一年（637）	共十二卷，凡五百条，篇目与《开皇律》同
《贞观令》	房玄龄等	唐太宗贞观十一年（637）	共三十卷，二十七篇，条数一说是一千五百九十条，一说是一千五百四十七条
《贞观格》	房玄龄等	唐太宗贞观十一年（637）	共十七卷，凡七百条
《贞观式》	房玄龄等	唐太宗贞观十一年（637）	共三十三卷
《贞观留司格》	房玄龄等	唐太宗贞观十一年（637）	一卷

　　遣隋留学生、学问僧们目睹了唐朝日臻完备的政治制度，对于日本的氏族政治，必然深感不满。而日本的知识分子，当听到他们对唐朝各项制度描述后，也必然想要赶快效仿，哪怕只是在形式上，期望尽快改良日本宫廷的冠服，整饬政府的规制。随着遣隋留学生的回国，这种愿望更加强烈，已经达到无法遏止的程度。这时恰好苏我氏灭亡，这种愿望便以"大化改新"的形式出现在历史面前。"大化改新"的中心人物是曾受教于遣隋留学生南渊请安的中大兄皇子和中臣镰足二人；而留学生高向玄理、学问僧僧旻二人则担任国博士，在"大化改新"中二人也发挥了重要作用。

中大兄皇子（天智天皇）画像

中臣镰足画像

遣唐使——一千年前的友好之船

赤县扶桑，一衣带水，一苇可航。

昔鉴真盲目，浮桴东海，

晁衡负笈，埋骨盛唐。

情比肺肝，形同唇齿，

文化交流有耿光。

堪回首，两千年友谊，不等寻常。

……

郭沫若先生的这首词道出了中日两国人民的友好往来源远流长，滥觞于秦汉，及至唐代，中日两国的交往蔚为壮观。

日本学者吉田茂写道："日本人很早以来就醉心于中国，一直是不遗余力地输入中国文化。圣德太子不仅用汉字书写日本最初的宪法即《宪法十七条》，而且引进中国服装，收集中国物品，想使全部生活中国化……古代的中国拥有非常先进的文明，对日本来说，学习中国，是一个莫大的恩惠。"日本享受这一恩惠的过程，是通过派遣遣唐使、留学生、学问僧来中国实现的。

遣唐使的派遣

在公元七世纪到公元九世纪这段时间里，日本先后向唐朝派出十六次遣唐使团以学习中国先进的文化，这是中日文化交流史上的空前盛举。"遣唐使"这个名称，在公元720年（唐玄宗开元八年，日本元正天皇养老四年）成书的《日本书纪》中叫"遣大唐大使"，或者叫"西海使"，在公元八世纪末成书的《万叶集》中则叫"入唐使"，直到公元797年（唐德宗贞元十三年，日本桓武天皇延历十六年）成书的《续日本纪》中才正式称作"遣唐使"。对于遣唐使，唐帝国方面则视其同一切其他国家，称之为"朝贡使"。

日本遣唐使是继遣隋使延续下来的，此后逐渐形成制度，日本将其作为关乎日本国家外交、贸易、文化的大事来推行。

日本远在海东，和其他在大陆上与唐王朝接壤的国家不同，它不必害怕因"久不来朝"而被兴师问罪。它不断向唐派出大规模使团，完全是一种自觉行为。那么，日本为什么要这么做呢？大致有如下三个原因。

第一，出入于亚洲国际政治中心——长安，以提高自己的国际地位。

第二，输入唐王朝的先进文化，以促使日本迅速发展和进步。

第三，满足国内贵族的要求，使自己能享受到当时世界上一流的物质与精神文明。

正因为此，日本不惜倾其国力，冒着生命危险，在二百多年中，一代接一代地出没于东海的波涛之中。

远在"大化改新"之前的推古天皇三十一年（623），自唐回国的学问僧惠齐、惠光、惠日、福因等上奏朝廷说，在唐的留学生均已学业有成，应予以召回，并特别建议："大唐国者法式备定之珍国也，常须达。"日本朝廷接受了这一建议，经过一系列的准备之后，终于在七年之后的舒明天皇二年（630）派出了第一次遣唐使。在此后的 264 年中，日本共派出遣唐使十九次，而在这十九次中，有三次未能成行，所以真正成行的只有十六次。十六次中又有一次是迎入唐大使，一次是送唐大使，一次只到达了朝鲜半岛。所以，真正意义上的"遣唐使"只有十三次。

公元 630 年（唐贞观四年，日本舒明天皇二年），日本派出了第一次遣唐使团，正使是犬上三田耜，副使是惠日。这两个人都曾有入隋的经历，对中国的风土人情比较熟悉。公元 631 年（唐贞观五年，日本舒明天皇三年）十一月，遣唐使团抵达唐都长安，唐太宗接见了犬上三田耜和惠日。公元 632 年（唐贞观六年，日本舒明天皇四年），唐太宗命新州刺史高表仁为使臣回访日本，并护送日本使节回国。在隋朝时来长安学习的学问僧灵云、僧旻，留学生胜鸟养等人，也随此次使团返回阔别已久的故乡——日本。

日本的舒明天皇在得知唐朝使臣回访的消息后，非常重视，立即组织了一个盛大的欢迎团，并亲自率三十二艘船只，在难波港欢迎唐使高表仁的到来。然而，双方却为接受国书的礼节问题产生了争执。高表仁要求"天皇下御座，面北接受唐使国书"，舒明天皇认为这个要求太过分，只能以平等之礼相待。因而双方相持不下，最后高表仁一气之下竟拒绝递交唐太宗的国书，而是立刻返航回国。回国后高表仁受到了唐太宗的严厉处分，不仅被罢免了官职，而且被罚了两年的俸禄，史书评价他为"无绥远之才"。

公元 653 年（唐高宗永徽四年，日本孝德天皇白雉四年），日本孝德天皇派出第二次遣唐使团。这次使团的人数是一百二十一人，大使是吉士长丹。随使团而来的有著名的学问僧道昭。道昭来到长安，拜玄奘法师为师，学习佛教的经、律、论，他后来成为日本一代高僧。次年，孝德天皇又派出由高向玄理、阿边麻吕率领的第三次遣唐使团，这次使团要经朝鲜半岛再到长安朝贡。这次使团的副使依然是由惠日担任的。在中日文化交流史上，惠日是一位做出突出贡献的人物。

公元 659 年（唐高宗显庆四年，日本齐明天皇五年）九月，齐明天皇派出由两艘海船组成的第四次遣唐使团。这次遣唐使团由正使坂合部石布率领，船队在海上遭遇暴风袭击，漂到中国南海的一个岛屿上。这次暴风夺去了正使和大部分人的生命，最后只有五人登上了岛上渔民的渔船，来到了中国的括州（今浙江温州一带）。后由副使率领船队于十月十五日乘坐驿站的车辆驶往唐都长安。途中得知唐高宗正在洛阳，便掉转方向来到洛阳朝贡。随第四次遣唐使团同来的还有日本北海道一男一女两位阿依努人（阿依努人是日本的少数民族，主要居住在北海道、萨哈林岛和千岛群岛一带。其身材矮小，肤色浅黑，在世界已知人种中体毛最盛。男子络腮胡须浓重，妇女沿嘴边有髭状痕迹。历史学家推测可能是广

日本的第三十四代天皇

舒明天皇画像

泛分布在亚洲北部地区的早期高加索人的后裔）。阿依努人在洛阳向唐高宗敬献了一张白鹿皮、三张弓、八十枝箭。

日本遣唐使简表

序次	出发年代	使者名字	船数	人数	主要随行人员	备注
1	630 年（唐贞观四年，日本舒明天皇二年）	犬上三田耜、惠日	不详	不详	——	唐使高表仁随团赴日
2	653 年（唐永徽四年，日本孝德天皇白雉四年）	吉士长丹、高田根麻吕	2	121	辨正、道昭	大使入唐途中遇难
3	654 年（唐永徽五年，日本孝德天皇白雉五年）	高向玄理、阿边麻吕、惠日	2	不详	——	押节使卒于唐
4	659 年（唐显庆四年，日本齐明天皇五年）	坂合部石布、津守吉祥	2	不详	——	大使遇难，副使至唐
5	665 年（唐麟德二年，日本天智天皇四年）	守大石、坂合部石积	不详	不详	——	送唐使刘德高
6	667 年（唐乾封二年，日本天智天皇六年）	河内鲸	不详	不详	——	送唐使，至百济返
7	669 年（唐总章二年，日本天智天皇八年）	河内鲸	不详	不详	贺平高丽	——
8	702 年（武周长安二年，日本文武天皇大宝二年）	粟田真人、坂合部大分、巨势邑治	不详	不详	道慈	武则天宴于麟德殿

序次	出发年代	使者名字	船数	人数	主要随行人员	备注
9	717年（唐开元五年，日本元正天皇养老元年）	多治比县守、大伴山守、藤原马养	4	557	阿倍仲麻吕、吉备真备、玄昉	—
10	733年（唐开元二十一年，日本圣武天皇天平五年）	多治比广成、中臣名代	4	594	大和长冈	吉备真备随返
11	752年（唐天宝十一年，日本孝谦天皇天平胜宝四年）	藤原清河、大伴古麻吕、吉备真备	4	500	荣睿、普照、藤原刷雄	唐僧鉴真随赴日
12	759年（唐乾元二年，日本淳仁天皇天平宝字三年）	高元度	1	99	—	迎入唐使
13	761年（唐上元二年，日本淳仁天皇天平宝字五年）	藤原常嗣	4	650	—	未成行
14	762年（唐宝应元年，日本淳仁天皇天平宝字六年）	中臣鹰主	2	不详	—	未成行
15	777年（唐大历十二年，日本光仁天皇宝龟八年）	小野石根、大神末足	4	778	永忠	唐使孙兴进随团赴日

序次	出发年代	使者名字	船数	人数	主要随行人员	备注
16	779 年（唐大历十四年，日本光仁天皇宝龟十年）	布势清直	2	781	—	送唐使孙兴进
17	804 年（唐贞元二十年，日本桓武天皇延历二十三年）	藤原葛野麻吕、石川道益	4	805	橘逸势、空海、最澄、灵仙	—
18	838 年（唐开成三年，日本仁明天皇承和五年）	藤原常嗣、小野篁	4	500	圆仁、常晓、圆载、圆行	—
19	894 年（唐乾宁元年，日本宇多天皇宽平六年）	菅原道真	不详	不详	—	根据菅原道真建议，废止遣唐使，未成行

注：表中资料来源于《旧唐书》《新唐书》《日本书纪》《续日本纪》《日本后纪》《续日本后纪》《怀风藻》《万叶集》《唐大和上东征传》。

上表中，第十三、十四、十九次遣唐使未能成行；第六次是送唐使返国，而且只到达百济；第十二次是为了迎接此前的遣唐大使藤原清河；第十六次是为了送唐使孙兴进返唐。以上六次情况较为特殊，与通常意义的遣唐使有所区别，实际上派出的遣唐使只有十三次。

日本学者木宫泰彦先生将遣唐使分为四期。第一期为前四次，约三十年的时间。这一时期的特点是继承隋代遣隋使的余绪，规模小（最多两艘船），人数少（不超过 220 人），组织不严密，各色人等配备不齐整，一般沿着朝鲜半岛、辽东半岛航行，然后横渡渤海湾口，到山东半岛登陆，再经由陆路前往长安。

第一次　大使：犬上三田耜；副使：惠日；来华时间：630年（唐贞观四年，日本舒明天皇二年）八月；返回日本时间：632年（唐贞观六年，日本舒明天皇四年）八月。

第二次　大使：吉士长丹、高田根麻吕；来华时间：653年（唐永徽四年，日本孝德天皇白雉四年）二月；返回日本时间：654年（唐永徽五年，日本孝德天皇白雉五年）七月。

第三次　押节使：高向玄理；大使：阿边麻吕；副使：惠日；来华时间：654年（唐永徽五年，日本孝德天皇白雉五年）二月；返回日本时间：655年（唐永徽六年，日本齐明天皇元年）八月。

第四次　大使：坂合部石布；副使：津守吉祥；来华时间：659年（唐显庆四年，日本齐明天皇五年）七月；返回日本时间：661年（唐龙朔元年，日本齐明天皇七年）五月。

第二期是第五、六、七次。这一时期派出的遣唐使与其他时期的遣唐使不同，这与唐朝在朝鲜半岛的军事行动直接相关。

第五次　大使：守大石；副使：坂合部石积；来华时间：665年（唐麟德二年，日本天智天皇四年）十二月；返回日本时间：667年（唐乾封二年，日本天智天皇六年）十一月。

第六次　大使：河内鲸；来华时间：667年（唐乾封二年，日本天智天皇六年）；返回日本时间：668年（唐总章元年，日本天智天皇七年）。

第七次　大使：河内鲸；主要随行人员：贺平高丽；来华时间：669年（唐总章二年，日本天智天皇八年）；返回日本时间：

670年（唐咸亨元年，日本天智天皇九年）。

第二期规模和航线与第一期差不多，但其政治意义十分突出，不同于一般遣唐使活动。从唐高宗龙朔元年（661）七月日本齐明天皇病逝，到唐总章元年（668）一月中大兄皇子即位，这几年中，日本"群龙无首"，中大兄皇子以皇太子"称制"的方式处理朝政。唐高宗龙朔三年（663），唐、日在朝鲜进行了白江口之战。日本失败，撤回军队，并深恐唐军乘胜进攻日本本土，而唐朝为了震慑日本，才随继派出使者郭务悰、刘德高去日。故而第五次遣唐使是为了护送唐使刘德高而派遣的。第六次遣唐使也是为了修补白江口之战造成的唐日关系的裂痕而派出的。

第三期主要是指八世纪上半叶第八、九、十、十一诸次遣唐使。此时正是唐朝文化的鼎盛时期，遣唐使也摆脱了第一时期形式主义模仿的阶段，开始注意汲取唐文化的精髓，规模有所扩大，组织也进一步确定，路线渐次南移。

第八次　执节使：粟田真人；大使：坂合部大分；副使：巨势邑治；来华时间：702年（武周长安二年，日本文武天皇大宝二年）六月；返回日本时间：704年（武周长安四年，日本文武天皇庆云元年）七月。

第九次　押节使：多治比县守；大使：大伴山守；副使：藤原马养；来华时间：717年（唐开元五年，日本元正天皇养老元年）三月；返回日本时间：718年（唐开元六年，日本元正天皇养老二年）十月。

第十次　大使：多治比广成；副使：中臣名代；来华时间：

733 年（唐开元二十一年，日本圣武天皇天平五年）四月；返回日本时间：734 年（唐开元二十二年，日本圣武天皇天平六年）十一月。

第十一次 大使：藤原清河；副使：大伴古麻吕、吉备真备；来华时间：752 年（唐天宝十一年，日本孝谦天皇天平胜宝四年）三月；返回日本时间：753 年（唐天宝十二年，日本孝谦天皇天平胜宝五年）十二月。

第四期主要指第十五、十七、十八诸次遣唐使。这时由于"安史之乱"的影响，唐朝已逐渐进入衰落期，而日本对唐朝典章制度的汲取也大致具备了一定的规模，开始消化吸收并形成自己的特点。虽然承袭成规，遣唐使团规模庞大，但是热情已有所消减，留学时间也大大缩短，已进入遣唐使的尾声。

经过二百多年对唐朝文化的吸收和移植，日本已基本上完成了各项改革，并在唐文化的基础上开始萌生具有日本特色的国风文化。因此，日本对中国文化学习的需求已不再那么迫切，而且每次遣唐使团耗费巨大，加上路程艰辛，也令使臣视为畏途。而唐朝赴日贸易也在不断增加，弥补了过去靠遣唐使解决对唐货的需求。因此，公元 894 年（唐昭宗乾宁元年，日本宇多天皇宽平六年），日本宇多天皇接受了已任命而未出发的第十九次遣唐大使的奏请，于公元 895 年（唐昭宗乾宁二年，日本宇多天皇宽平七年）正式宣布停

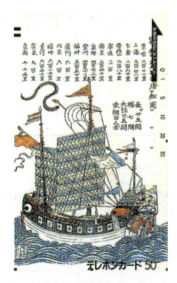

遣唐使行程表

派遣唐使。

《吉备大臣入唐绘词》中所描述的遣唐使船抵达中国时的情景画面

人才济济的使团

第一、二期遣唐使团规模较小，一般为两艘船舶，人数最多时也没有超过 220 人。大使、副使之下，判官、录事等不一定配备齐全，编制也比较松散，人员不定。进入第三期后，不仅规模扩大到四艘船舶，人数达到 500 多人，而且组织严密，编制完备。使团长官在一般情况下是大使，但有时还在大使之上另设执节使或押节使（第三次、第九次设有押节使，第八次设有执节使）为最高长官。通常大使、副使各任命一人，只有第二次遣唐使团像戏剧中的"AB 角"一样，任命了两名大使，可能是因为这次遣唐使团具有特别重要的使命，要求务必到达目的地。A 组的吉士长丹大使一行似乎走北路，B 组的高田根麻吕大使一行似乎是探索性地走南路。不幸的是 B 组出航不久，就在萨摩国竹岛附近（今日本海西南海域）遇难了。任命两位副使的情况也有，如第十一次遣唐使已经在公元 750 年（唐玄宗天宝九年，日本孝谦天皇天平胜宝二年）任命藤原清河为大使，大伴古麻吕为副使，却又在次年追加任命吉备真备为副使。也有只有大使而无副使的情况，如第十三次遣唐使，原本任命藤原常嗣为大使，仲石伴为副使，但仲石伴害怕葬身鱼腹，称病不行，又大发牢骚，最后被罢官判刑，只有大使藤原常嗣率团入唐。

遣唐使团因为是代表着日本国家，又是到斯文之乡——中国去，所以对于使团官员（如大使、副使、判官、录事）的选任是非常谨慎的。大使的选任更为严格，除具备外交才能外，还须有堂堂的仪表、优雅的风度，以及对有关中国知识的了解，并在礼仪方面有较深修养。由于注意了这些问题，遣唐使一般都会给唐朝政府留下深刻的印象。如《旧唐书·东夷传·倭国》在谈到第八次遣唐使粟田真人时说："朝臣真人者，犹中国户部尚书。冠进德冠，其顶为花，分而四散。身服紫袍，以帛为腰带。真人好读经史，解属文，容止温雅。"唐朝政府历来有视外邦为"蛮夷"的习惯，对粟田真人竟给以这样的评价，可见他必是一位十分卓越的人物。又如第十一次遣唐大使藤原清河，唐玄宗一见他就感慨地说："闻日本国有贤君，今见使者趋揖自异，礼仪国之称，洵不诬也。"唐玄宗由使者的仪态风度而度其邦为名不虚传的"礼仪国"，这正是日本选任大使时所要取得的效果。藤原清河深受唐玄宗的赏识，后来在唐朝为官，地位显赫，是一位有着非凡魅力的人物。

使团中还有许多是具有留学经历的，堪称当时的"中国通"。如第三次遣唐押节使高向玄理曾在隋留学三十二年，后来成了日本"大化改新"的最高政治顾问国博士；副使惠日也是留隋学生。第十一次遣唐使团副使吉备真备曾留唐十七年。此外任过大使的多治比广成好文学、诗歌；大使藤原常嗣游太学，通"史""汉"，谙《文选》。做过副使的藤原马养通文武两道，极富文藻；副使小野篁文章无双，草隶兼精。做过判官的甘南备清野系文章生；菅原道真学艺博通，才德甚高，少游太学，陪东宫，弱冠文章生及第，后来甚至当了仁明天皇的侍讲。藤原贞敏善弹琵琶，良岑长松善弹琴。在录事中甚至还有山上忆良那样伟大的万叶歌人。总之，参加遣唐使团者或博于经史，或长于文章，或精于书法，尽皆风度翩翩的饱学之士，就是使团中的医师、工匠、乐师、水手等也都是本行业的佼佼者。他们是当时日本社会中"群贤毕至"的一个外事活动团体。

遣唐使的官员分为四级，即大使、副使、判官、录事。大使的位阶一般为四位（品），副使往往是五位（品）。自第九次遣唐使以后，判官、录事各置四人，前者多为六位（品），后者多为七位（品），在某些场合还任命准判官（如第九次、第十一次、第十二次、第十三次）和准录事（如第十二次、第十三次）。

遣唐使团主要官员的任命也有世袭化的倾向。如多治比氏、藤原氏、吉士氏、坂合氏等家族，都有多人多次担任大使或副使。特别是多治比氏，几乎可以被称作"遣唐使世家"，如第九次遣唐押节使多治比县守、第十次遣唐大使多治比广成、第十六次送唐使判官多治比滨成。再如第九次遣唐副使藤原马养、第十一次遣唐大使藤原清河、第十三次遣唐大使藤原常嗣、第十七次遣唐大使藤原葛野麻吕等，都出自藤原氏。大使藤原常嗣的父亲曾为遣唐大使，这是父子同为遣唐大使的情况。判官藤原善主的父亲藤原清公为第十七次遣唐判官，藤原善主少有口才，能言善辩，这是父子同为遣唐判官的情况。

遣唐使成员除大使、副使、判官、录事等正式外交官员外，还有知乘船事（船长）、造舶都匠（造船技术负责人）、译语（翻译，除汉语翻译外，还有新罗语翻译等）、主神（掌祭神者）、医师、阴阳师、画师、史生（文书）、射手（警卫）、船师（航海长）、音声长（乐队负责人）、卜部（掌管确定航行方位、测定风力者）、杂使（杂役）、音声生（乐队队员）、玉生（玉匠）、锻生、铸生、细工生（手工艺匠人）、船匠、梶师（舵师）、挟抄（桨师）、傔人（侍奉长官的随从）、水手长、水手等，其职务类别将近三十种。这样的阵容配备并非一开始就确定下来的，而是经过多次的航海实践和吸取唐文化后，逐渐臻于完善的。遣唐使团中还有意识地安插了一些围棋高手、琵琶演奏家等，以满足国际社交的需要。每次遣唐使团还负责送留学生和学问僧。总之，遣唐使团集中了当时日本外交、学术、科技、工艺、音乐、美术、航海等方面的优秀人才，以保证最大限度地完成外交使命，吸收先进文化并提高航海的成功率。

由于渡海西行风险重重，为激励士气，日本天皇还给予使团成员极高的待遇。如水手以上全部免除徭役；对留学生、学问僧要赏赐财物，作为他们入唐后拜师求学之需。赏赐的东西一般为绝（绵绸）四十匹、绵一百屯（一屯约三两多）、布八十端（一端为五丈二尺）。同时还拨出专项资金，派人送往神社，为遣唐使团祈祷。第十七次遣唐使者石川道益在明州亡故，第十八次遣唐使入唐时，日本天皇特地交给遣唐判官一封祭文，委托他到明州死者墓前宣读，并追封石川道益为四位（品）官员，以示恩宠。

为了对遣唐使团表达朝廷的重视以及寄予厚望，日本天皇还对遣唐船只赐船号、位阶。据《续日本纪》记载：公元706年（日本文武天皇庆云三年）对执节使粟田真人的座船赐号"佐伯"，叙从五位下；公元758年（日本孝谦天皇天平宝字二年）赐遣唐使船号"播磨""速鸟"，叙从五位下，并赐锦冠；公元837年（仁明天皇承和四年）赐第十八次遣唐使第一船号为"太平良"，叙从五位下，相当于副省级。

遣唐使在出发之前先要祭神，然后拜朝（天皇接见）、授节刀。授节刀意味着给予大使指挥全团的权力，对判官以下的全团成员有生杀予夺之权。临行之际，日本天皇对大使等人还要进行一番勉励。如《续日本纪》载有日本光仁天皇宝龟七年勉励第十五次遣唐使的话语："卿等奉使，言语必和，礼义必笃，毋生嫌隙，毋为诡激。"天皇还经常以赋和歌相赠。经过这一系列的仪式与活动之后，遣唐使团才能踏上艰难的征途。

日本NHK电视台拍摄的《遣唐使》影片中遣唐使的装扮

日本NHK电视台拍摄的《遣唐使》影片中遣唐使和夫人们的装扮

落后的航海术

在任命遣唐使的同时，也便开始为遣唐使团建造船只。当时把航海用的大船叫作"舶"。遣唐使船的建造一般是在造船都匠的指挥下进行，有时朝廷还特地任命造舶使长官及次官对其进行领导和监督。早期负责造船的是周防国（今山口县），后来则是近江（今滋贺县）、丹波（今京都府）、播磨（今兵库县）、备中（今冈山县）诸国，但造船最多的还是安艺国（今广岛县）。据日本航海学者茂在寅男所做的统计，在安艺国所造船只有公元 650 年（唐高宗永徽元年，日本孝德天皇白雉元年）的两艘、公元 746 年（唐玄宗天宝五年，日本圣武天皇天平十八年）的两艘、公元 761年（唐肃宗上元二年，日本孝谦天皇天平宝字五年）的四艘等，其前后至少造了十八艘船只。

关于遣唐使船的样式，虽然在后来的绘画中有所描绘，如《圣德太子绘传》《吉备大臣入唐绘词》《华严缘起》《弘法大师行状绘图》和《东征绘传》中都绘有遣唐使船的形象，但最早的《圣德太子绘传》也是作于公元 1069 年，其他都是十三、十四世纪的作品。也就是说在四五百年以后，画家们是参考了自己所见到的海船，然后根据想象画出来的，真正的遣唐使船，既无图样可考，也没有留下尺寸记录和外形描述，所以学者们有着各种各样的猜测。如日本学者木宫泰彦认为，它和《常陆国风土记》中所载天智天皇在磐城国建造的大船（长十五丈，宽一丈余）大致相仿，是一种细长的大船。另外，公元 662 年（唐高宗龙朔二年，

— 43 —

日本天智天皇元年）日本天皇曾命安艺国造百济船两艘，而以后遣唐船只更是多次都由安艺国负责制造，所以遣唐使船可能就是百济式船。日本学者见须藤利一的《日本船和人的历史》一文认为，一艘船平均载一百六十人，又有大量土产品、赏赐品、个人用品和食物，当然就不可能是以独木舟为母体的船，因此也就未必能把《吉备大臣入唐绘词》和《华严缘起》等绘画中所画的中国型的遣唐使船，看作子虚乌有的东西加以排除。日本航海学者茂在寅男认为，遣唐使船大致和上述绘画中所描绘的船形差不多，其长宽之比为四比一或五比一。

有意思的是，在航海学者茂在寅男等人的主持下，根据上述绘画中的遣唐使船形象和其他参考资料，日本已将遣唐使船复原，并在1981年的神户港人工岛博览会上展出。船体长二十米，最大宽度七点八米。船上装有双桅，桅高十三点三米。桅上挂着薄竹篾编成的帆。除帆之外，船两边还装有橹。根据学者们的推想，还给复原的遣唐使船涂抹了美丽的色彩：船体为白色，桅杆、甲板上的小屋为红色，其他间有绿、黑等色。整个船只看起来五彩缤纷，鲜艳夺目。但是复原的只是水上部分，因为船底如何，是否有龙骨，还是一个未解之谜。

但是，遣唐使时代日本海船的构造也还有蛛丝马迹可寻的。明代时倭寇猖獗，中国掀起了研究日本的热潮，因此对"倭船"的研究自然格外重视。明代胡宗宪编的《筹海图编》对倭船有如下描述："日本造船与中国异，必用大木取方，相思合缝；不使铁钉，惟联铁片，不使麻筋、桐油，惟以草塞罅漏而已。费功甚多，费材甚大，非大力量未易造也……其大者容三百人，中者一二百人，小者四五十人或七八十人。其形卑隘，遇巨舰难于仰攻，苦于犁沉……其底平不能破浪。其布帆悬于桅之正中，不似中国之偏。桅机常活，不似中国之定。惟使顺风，若遇无风、逆风，皆倒桅荡橹，不能转戗（转换方向）。故倭舡过洋，非月余不可。今若易然者，乃福建沿海奸民买舟，于外海贴造重底，渡之而来。其舡底尖，能破浪，不畏横风、斗风（逆风），行使便易，数日即至也。"这段文字对十五六世纪时的日本海船的构造、性能做了较为翔实的描述。由其描述可知船底平而不尖，不宜破浪前进。使帆不科学，只能顺风而进，遇无风、逆风时便得落帆荡橹。用料硕大，费工费料而不易建造。工艺落后，整体性不强，易漏、易裂、易断。总之，其还是比较粗糙简单落后的海船。不难想见，遣唐使时代的日本海船只能是更加简单的东西了。使船在狂风恶浪的打击下遭到破损的情况不绝于载。如《续日本纪》载：光仁天皇宝龟九年（778）遣唐使"第一舶海中断，舳舻各分"，"风急波高，打破左右棚根，潮水满船"。《续日本后纪》载：仁明天皇承和三年（836）第三船"绝折棚落，潮溢人溺"，仁明天皇承和五年（838）"船将中绝，迁走舳舻"，等等。这种一遇风浪辄致船舷破裂，甚至整船一分为二的状况，使遣唐使团的航海带有极大的冒险色彩。

为了以防不测，遣唐使船上备有类似现在救生艇的小船，称作"同船"或"独底船"。

造船术简单，航海术不成熟，种种迹象表明，日本人当时还不知道利用季风和海流。就海流而言，自台湾附近经琉球至日本的台湾暖流（或叫日本暖流），即黑潮，深四百米，其最大流速为每昼夜六十到九十千米。大致来说，从中国的杭州湾到日本去，如果不考虑风的因素，可以看作是顺流而行。在有西南季风的情况下，乘船赴日就更加容易。1944 年就曾发生过中国帆船一昼夜自宁波到达日本佐贺县唐津的事情。如果遣唐使的航海家们掌握了这一规律，在回航时从宁波起航，将会使航行顺利很多。走南岛路来中国时也有类似情况。如黑潮沿西南诸岛和萨南诸岛北上到达屋久岛附近时，其一股在岛南向东横切列岛，另一股则自岛西贯大隅海峡出太平洋。南下时只要能渡过这一条狭窄的海流，而后，南航就不会特别困难（由于在黑潮主流的东侧存在着不少逆流海域）。而在横渡那条狭窄海流时，只要抓住顺风时机也是比较容易的。南下至适当地点，再通过流经奄美群岛和琉球群岛西部的黑潮带，就可顺利抵达长江口。

就季风而言，从阴历的四月到八月，日本和中国的长江口一带都刮西南风，这时若从中国向日本航行就比较方便。反之，入秋以后，虽然在九州近海一带刮西北风，但越过这一地带进入东海后，就是东北风，遣唐使船即可顺风而进，直抵长江口一带。而在冬季，东海上西北风劲吹，大浪排空，即使顺风而行，那些造得不结实的船只就经不起风吹浪打的考验。

可是，当时日本的遣唐使团对这些自然规律似乎毫无觉察。如关于公元 776 年（唐代宗大历十一年，日本光仁天皇宝龟七年）遣唐使未按预定日期起航，《续日本纪》记载："日本光仁天皇宝龟七年（776）闰八月，庚寅。先是，遣唐使船到肥前国松浦郡合蚕田浦，积月余日，不得信风。既入秋节，弥违水候，乃引还于博多大津，奏上曰：'今既入于秋节，逆风日扇，臣等望待来年夏月，庶得渡海。'是日敕：'后年发期，一依来奏，其使及水手，并宜在彼，待期进途'。"这段文字至少说明，上奏者及批复者都不通晓季风知识。前已述及，入秋后正是东海上刮东北季风的时节，只要走出近海，就可一路顺风。而上奏者只根据眼前的"水候"便断言："今既入于秋节，逆风日扇。"这里犯了第一个错误。接着，要求来年夏季渡海，而夏季正是东海上刮西南风的时候，船将逆风行驶，这又犯了第二个错误。由记载可知，遣唐使船大部分确实是夏天的六七月出发的。由于是逆风而进，凡七月份出航的多出事故。回航时，凡在冬天十月、十一月渡海的也难保平安。

关于指示方向的仪器，据《日本书纪》记载，日本齐明天皇四年（658）日本也已造出了指南车，但是否用于航海则不详。圆仁《入唐求法巡礼行记》唐文宗开成四年（839）四月十六日记："平明，云雾雨气，四方不见，论风不同：或云西风，或云西南风，或云南风。"同月十七日记："早朝雨止，云雾重重……不见白日，行迷方隅。或云向西北行，或云向正北行。"可见，白天主要是靠太阳定位，一旦"不见白日"就"行迷方隅"。如果配备有指示方向的仪器，自然就不会出现这种情况。不言而喻，晚上则主要是靠星月来确定方位。日本人早已知道在航海中依星定向。《源氏物语》记：源氏二十七岁在海滨险遇海啸，就乞求住吉大神保佑，结果得保平安，便于次年朝拜住吉神社还愿，作歌道，"回思浪险风狂日，感谢神恩永不忘"。可见当时人们认为"星神"在海上还起着重要作用。

上海世博会日本馆里仿制的"遣唐使船"

这艘仿制的"遣唐使船"船长 33.6 米，宽 9.2 米，头尾高翘，共分为三层，通体以红白为主色，船体内核为钢结构，以柴油为动力，但外表为木质结构，帆、桨、锚、舵一应俱全，在顶层当年遣唐使们用以祈祷的佛龛内还陈列着避邪的鱼叉和铜钟。

《东征绘传》中描绘的遣唐使船

遣唐使渡海航线

遣唐使在祭神、拜朝等仪式举行完毕之后，就要离开京城前往难波（今大阪）。若是自平城京（奈良时代）出发，水路可走自奈良盆地流往大阪湾的大和川；陆路可走"直越"，即越过生驹山脉之南的暗咔，出河内而至难波，或走"龙田越"，即出罗城门南下，经现在的大和郡山市、斑鸠和龙田，沿大和川出河内而至难波。若是自平安京（平安时代）出发，水路可由桂（今京都市西京区）附近乘船，沿淀川顺流直下；陆路可出罗城门，经山崎、水无濑、樱井到现在的大阪市淀川区。

难波的三津浦（今大阪市南区三津寺町）是遣唐使船的起航港口。《万叶集》中很多有关吟咏遣唐使的和歌都提到了它。如著名歌人山上亿良所作的《在唐怀乡歌》中有"大伴三津之滨松兮，翘首以待我"之句。遣唐使船离开三津浦后，经濑户内海，出关门海峡，到筑紫的大津浦（又称娜大津、博多大津）停泊。大津浦是当时日本对中、朝往来的门户，设有大宰府的外交机构筑紫馆，后模仿唐鸿胪寺，改称鸿胪馆。鸿胪馆负责接待外国使节，办理出入境事宜。日本的使节外出、归国时也在这里停留，做渡海或回京的最后准备和休整。

至于遣唐使的渡海航线，说法不一，但多数学者认为从日本到唐朝的航线应有四条：

（一）北路

早期遣唐使所走的路线，实际上就是遣隋使的赴隋路线。关于遣隋使的返航路线，从百济到难波的一段，《隋书·东夷传·倭国》是这样记载的："上遣文林郎斐世清（乘日使小野妹子回国船）使于倭国。度百济，行至竹岛（位于全罗南道珍岛西南的一个小岛），南望聃罗国（济州岛），经都斯麻国（对马），迥在大海中。又东至一支国（壹岐），又至竹斯国（筑紫），又东至秦王国，其人同于华夏，以为夷洲，疑不能明也。又经十余国，达于海岸。自竹斯国以东，皆附庸于倭。"将这段航线反过来，可知就是难波—筑紫—壹岐—对马—济州岛—竹岛—朝鲜半岛。但是从朝鲜半岛去大唐又该如何前行呢？大体上有两种走法：①沿半岛西岸航行，至瓮津半岛附近海面，折而向西，横渡黄海，在渤海湾口的登州（今山东蓬莱）或径入渤海湾在莱州（今山东莱州）登陆。②沿半岛西岸北上，经鸭绿江口，继续沿海岸西行，至辽东半岛西南端，折而向南横断渤海湾口，穿过庙岛群岛，抵达登州。在山东半岛的登州或莱州登陆后，由如下路线进入长安：登州或莱州—青州—兖州—汴州（开封）—洛阳—长安。归国时也循同一路线。当时，日本称此线为"新罗道"。

遣唐使船自朝鲜南端至唐还有一条偶然走过的航线，那就是公元 659 年（唐高宗显庆四年，日本齐明天皇五年）第四次遣唐使所走的路线。该使团的两只船七月三日自难波起航，八月十一日离开大津浦，九月十三日抵百济南端的一个小岛。但此时正值半岛混乱，新罗与百济之间的战争正在进行，而唐与高丽之间因前一年（658）的战争，关系十分紧张，唐帝国正准备应新罗之请自海上出兵百济。在这种情况下沿半岛西岸北上，循原来路线到山东半岛显然是不可能的。于是，九月十四日两只船便离开该岛径向东海驶去。不幸的是，大使坂合部石布所乘船在海上遇难，而副使津守吉祥所乘船却仅以两日两夜便斜穿东海，于十六日夜半平安抵达越州的会稽（今浙江绍兴）。公元 661 年（唐高宗龙朔元年，日本天智天皇元年）四月一日，这次遣唐使团又从越州起航，得西南顺风，以九天时间又回到朝鲜半岛南端的聃罗岛，五月二十三日返航至筑紫。这次航行一是偶然尝试了一条新航线，二是偶然地顺应了东海上的季风。虽然也遇到了一些麻烦，但自朝鲜南部穿越东海赴唐时仅需两日，而回到原处也只花了九天。遗憾的是，这次成功只被看作神佛在冥冥之中加以保佑的结果，这次经验并没有被后来的遣唐使所利用。

（二）南岛路

顾名思义，南岛路是自九州循岛南下，至适当的地方横渡东海而至长江口一带的航线。第一、二次遣唐使团均走北路，只有任命了"AB角"的第二次遣唐使团的高田根麻吕试图取道南路，但出航不久，就在萨摩国和竹岛（大隅国熊毛郡）之间遇难。这次失败的航行是开辟南岛路的先驱之行。第一次走南岛路获得成功的是以粟田真人为执节使的第八次遣唐使。

南岛路的大体路线：自筑紫大津浦起航后西行，经肥前国松浦郡庇良岛（平户岛）转而向南，沿天草岛和萨摩国沿岸南下，沿着夜久（《唐大和上东征传》称益救岛，今称夜久岛，也有人称为屋久岛）—吐火罗（宝七岛）—奄美（奄美大岛）—度感（德之岛）—阿儿奈波岛（冲绳岛）—球美（久米岛）等岛南行，寻找适当地点横渡东海，在长江口一带靠岸。关于南岛路所经的路线，以《唐大和上东征传》描绘的轮廓最为完整。公元753年（唐玄宗天宝十二年，日本孝谦天皇天平胜宝五年），鉴真随第十一次遣唐使赴日，与副使大伴古麻吕同乘第二艘船。十一月船队自苏州出发，该书记载："十五日壬子，四舟同发。有一雉飞第一舟前，仍下碇留。十六日发，廿一日戊午，第一、第二两舟同到阿儿奈波岛（冲绳岛），在多祢岛（种子岛）西南；第三舟昨夜已泊同处。十二月六日，南风起，第一舟着石不动，第二舟发向多祢去。七日，至益救岛（屋久岛）。十八日，自益救发。十九日，风雨大发，不知四方。午时，浪上见山顶（当是秋目附近的野间岳）。廿日乙酉午时，第二舟著萨摩国阿多郡秋妻屋浦（今鹿儿岛川边郡秋目）。廿六日辛卯，延庆师引和尚入太宰府。"南岛路之所经，从文中可见一斑。

那么，为什么遣唐使要舍弃原来比较安全的北路不走而改走南岛路呢？

新罗在统一朝鲜半岛之时，由于日本派大军干涉，双方发生了战争，其后，国威日盛的新罗又把唐帝国的势力赶出了半岛。尤其是日本和新罗的关系几乎恶化到要发生战争的程度。对于中日之间的往来，新罗不但不再像以前那样提供方便，还故意制造麻烦。《新唐书·东夷传·日本国》在谈到天平胜宝年间的遣唐使时说"新罗梗海道，更由明、越州朝贡"，明确地说明了航线改道是因为新罗阻塞了原来的通路所致。

由于北路不便，日本朝廷遂向南岛方面寻求出路。《续日本纪》载：日本文武天皇二年（698）发给文忌寸博士等八人武器，令其向南岛方面考察并开拓道路。此后，西南诸岛与日本的联系逐渐加强，为通过这些岛屿南下西渡提供了可能性。

（三）南路（大洋路）

此航线没有循岛南下，而是由值嘉岛一带直接横渡东海到达扬子江口附近。第三期遣唐使团多走南岛路，虽然避免了经新罗海面可能遇到的麻烦，但走南岛路也有两大不便之处。其一，逐岛遥遥南下，而后横渡东海，极费时日。如第十一次遣唐副使大伴古麻吕与鉴真所乘的船，自苏州出发后还算顺利，但航行到萨摩国秋妻屋浦也花费了三十五天时间。其二，航行也并不安全。比如，走南岛路的第九、第十两次遣唐使团接连出事，尤其是第九次遣唐使团的第三、第四两船因漂流和沉没造成了极其悲惨的后果。同样是冒着生命危险，与其长期颠簸海上，倒不如一气穿越，这是由南岛路改走南路的动机。

南路的走法也是由筑紫的大津浦出发，向西南驶抵肥前国松浦郡值嘉岛（今长崎县平户岛和五岛列岛）一带停泊，等待顺风起航。自唐返航时一般也首先到达此处。所以《三代实录》说，值嘉岛"地居海中，境邻异俗，大唐、新罗人来者，本朝入唐使等，莫不经此岛"。

比之于北路和南岛路，南路的最大优点是距离近、费时短，缺点是一旦离开值嘉岛，中间再无停靠地点，必须一气呵成地渡过东海。第十五次遣唐使团于日本光仁天皇宝龟八年（777）六月二十四日出发，七月三日就到达扬州海陵县，历时仅十天。而回航时，其第三船于日本光仁天皇宝龟九年（778）十月十六日自扬州起航，当月二十三日就到达肥前国松浦郡桔浦，历时八天。此航线不仅在海上里程较短，而且登陆后赴长安里程也比北路短，交通方便。大体上，其登陆地点在长江口一带，如第十一次遣唐使在扬州海陵县登陆，第十六次遣唐使第一船在福州长溪县登陆，第二船在明州登陆，而第十七次遣唐使在扬州登陆。自长江口一带到长安的距离约为两千七八百里，又可利用运河水行至汴州。而北路的登陆地登州距长安三千一百多里，陆行也不如南路方便。

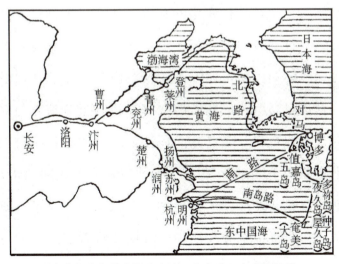

遣唐使渡海航线中的北路、南岛路、南路示意图

（四）渤海路

渤海国，是我国唐代东北地区的少数民族政权。这个政权的建立者是粟末靺鞨的首领大祚荣，公元713年（唐玄宗开元元年，日本元明天皇和同七年），唐玄宗册封他为左骁卫大将军、渤海郡王，故其专称为"渤海"。大祚荣死后，其子大武艺袭位，疆土进一步扩大，东临日本海，西至契丹，南到泥河（龙兴江），北至黑水以北。公元926年（后唐明宗天成元年，日本醍醐天皇延长四年）为契丹所灭。

因为渤海是唐王朝的一个州，所以日本与渤海国间的交往，也应看作唐日关系中的一部分。

渤海路主要是渤海国与日本为进行贸易而开辟的。渤海国派出的赴日使者，从上京龙泉府（今黑龙江省宁安县西南东京城镇）出发向东南行进，到东京龙原府（今吉林省珲春县八连城），而距龙原府不远处便是日本海深入陆地形成的波谢特湾，濒湾港口毛口崴（摩阔崴）就是赴日海路的起点。从毛口崴到日本北陆道的航线，大致与日本海的海流相一致：起自鄂霍次克海东北部的里曼海流，穿过鞑靼海峡，循今俄罗斯沿海州、图们江口及朝鲜东岸南下，到达对马海峡。其一部在海参崴附近分流，与对马海流汇合，向日本的壹岐、能登方面环流。渤海的赴日船自毛口崴起航后，沿半岛南下至适当地方，顺对马海流到北陆道沿岸登陆。交往初期，使船会经常漂泊到出羽（今秋田县）一带。海上事故也非常多，在二百多年的交往中，大使死难者三人，随行死难者则超过二百人。虽然一开始日本方面屡屡要求由南道筑紫而来，但以走南路困难为最多,一直取道上述航线,经过长期海上航行经验的积累,渤海使船顺应季风和海流,创造了冬往夏归的成功经验。日本也多次利用渤海路与唐交往。公元759年(唐肃宗乾元二年,日本淳仁天皇天平宝字三年),为迎回滞唐未归的遣唐大使藤原清河,日本政府派遣迎入唐大使高元度等一行九十九人,乘坐回国的渤海使船到达渤海,渤海国王立即派人护送他们前往长安。第九次遣唐使判官平群广成也是经渤海路由唐回国的。一般来说,由渤海入长安有两条路可走,一条是自东京龙原府到中京显德府,经燕州、营州、汴州、洛阳入长安;另一条是自东京龙原府到中京显德府后,经西京鸭绿府,取水路至登州,再经莱、青、曹、兖、汴诸州到洛阳,最后至长安。

❧ 以生命为赌注的航程 ❧

日本遣唐使船在横渡东海的往返过程中,船舶或遭难者往程七次,计失船六艘;回程有六次,计失船四艘;因风中止者,往程一次,总计十四次。而往程无事者十二次,回程无事者十次,总计二十二次。可见遇险出事者近半。

遣唐使船在渡海中往往需时三四十日,需备有多种生活用品。除干粮外,还特别储备有多种药品。在惊涛骇浪中,他们冒风雨,冲激流,海天一色,四顾茫然,过着极其紧张、艰苦的生活,尤易生病。据《延喜式》规定,每一艘遣唐使船所备成药的种类有:犀角丸、大戟丸各四剂,七气丸、八味理仲丸、百毒散、度瘴散各十二剂，茯苓散十六剂，神明膏六剂，万病膏、升麻膏各八剂，黄良膏四剂，以上共计十一种。草药则有：芍药、白术、地榆、桔梗各八斤，独活、前胡、升麻、夜干、栝楼、茯苓、柴胡、乌头、附子、天雄、商陆、蜀椒、黄蓍、松脂、石南草各六斤，大戟、防己、黄檗、紫苑、苦参、菖蒲各四斤，石韦、泽泻、玄参、藁本、熟艾、漏芦、兰茹、甘遂、蛇衔、梨芦、干地黄、枳实、桑根、白皮、丹参各二斤，杏仁、五味子、菟丝子、葶苈子、蛇床子、半夏、蒲黄、麦门冬、仆奈各四斤，练胡麻一斗六升，桃仁一石二斗，黄芩、麻黄各八斤，黄连、茵芋、吴茱萸、防风、橘皮各六斤，白蔹四斤，以上计五十九种。另备医疗用品，计筛六口，料绢一丈二尺，纸九十八张，木棉二斤十四两，酢（醋）七斗七升，调布一端四尺，拭臼布三丈，陶壶二十三口，炭七斛九升。由此可见中医药当时已在日本广泛应用。

在横渡海洋时，食物只能以干粮为主，饮水也是定量配给。据请益僧圆仁所著的《入唐求法巡礼行记》记载，日本仁明天皇承和六年（839）圆仁乘返航的遣唐使船回国时，在四月十六日配给的饮水，每日官员为二升，水手为一升半。四月十八日，改变配给数量，每人一日干粮一升、水一升。全体成员都是以生水和吃不惯的干粮来解渴充饥，连续三四十日，其艰苦程度可想而知。一旦着陆，又因水土不服，加上时当六七月炎暑季节，蚊虫为虐，痢疾流行，病员迭出。日本仁明天皇承和五年（838）闰正月第十八次遣唐使的第一艘使船抵扬州时，病倒的水手、射手达六十余人。

海上航行，波涛汹涌，一叶扁舟，随时都可能出现险情。例如《续日本后纪》载，日本光仁天皇宝龟九年（778）遣唐持节副使小野石根所乘的第一艘船由唐回航途中，舳舻裂断，左右两舷破折，包括唐使赵宝英在内溺毙六十三人。日本仁明天皇承和三年（836）遣唐使船刚出筑紫港，即遇暴风，第三船即刻柂断棚落，海水转瞬满舱，全船一百四十人中只有二十五人幸免于难。日本仁明天皇承和五年（838）第十八次遣唐使团入唐之际，大使藤原常嗣所乘第一艘船在濒临危险时，上自大使常嗣，下迄水手，均来不及穿衣服，除兜裆布外，赤身露体，慌忙向舳舻方向逃命，很是狼狈不堪。

在人类尚未认识自然界时，这种以生命为赌注的入唐之行中，也势必产生种种求神拜佛之类的迷信活动。日本天平胜宝五年（753）十一月十五日，在第十一次遣唐副使大伴古麻吕等将从苏州返航之际，船前飞来一只雉鸡，他们以为是不祥之兆，立即停止出发，翌日始再解缆。据僧仁忠所著的《叡山大师传》记载，最澄在日本延历二十三年（804）跟随遣唐使入唐之前一年，就到大宰府灶门山许愿，并敬造檀像药师佛四躯，祈求安全渡海。翌年四船齐发，第一、三、四艘船均遇险遭难，只有他与副使石川道益所乘的第二艘船平安抵达长安。他便以为此乃神佛加护之力，返日后先后在宇佐八幡宫和香春之神宫寺讲诵《法华经》，酬谢神恩。遣唐大使藤原常嗣于日本承和五年（838）六月二十四日从夜久岛起航时，立即在船上画观音菩萨像，并令请益学问僧念经祈愿；每逢狂风激浪、船将沉没之际，大使及以下全体船员无不念念有词，口诵观音妙见，祈求加护。返航时船抵山东半岛登州乳山海口，遇恶风不得出港，他又以官私之绢等为供品，祭祀天神地祇及住吉大神等。遣唐使团因面临海上及陆上的重重困难，寄托于迷信活动来自我宽慰，倒是情有可原。但公元754年（唐玄宗天宝十三年，日本孝谦天皇天平胜宝六年），日本留学生高内弓携所娶唐人妻高氏，子广成、绿儿及乳母等在搭乘日本送渤海使船返日时，遇到暴风，船长镰束竟以此灾难为船上有外国妇人所致，竟将高内弓之妻、子及乳母投入海中，则是无知和残忍在作祟，实在是中日文化交流史上的一个污点。后世之人回顾日本遣唐使的往事，总是津津乐道其成就卓著、可歌可颂的一面，但对其背后所蕴藏的可泣可悲的一面，却往往有意识地予以回避。

《东征绘传》中的遣唐使船遇难图

这幅图记录了遣唐使成员葬身于大海的悲惨情景。所以，日本遣唐使船队每一次出使中国，其实就是许多亲人的生离死别。正因为如此，每一次遣唐使出访中国，日本天皇都要举行隆重的仪式，设宴相送。而侍臣们也会唱起天皇亲自作的一首诗为大家送行。这首诗译成现代汉语，大意为：希望你们渡大海如平地，居船上如坐床，四船联翩，期盼早日归来。

入长安——遣唐使的特殊使命

　　长安是一座国际化大都市，长安城内除日本使节外，还有新罗、大食、林邑、真腊、狮子国、天竺、泥婆罗、骠国、波斯等国使节前来朝贡。日本遣唐使在长安期间的主要活动除了进献贡物、朝见唐朝皇帝以提高日本的国际地位外，还要从事文化、贸易活动。遣唐使在长安的时间一般不过一两年，所以，日本朝廷对大使、副使、判官、录事等领导层的遴选极为慎重，以人才为重点，兼顾仪容、风采、言行、态度，要求他们个个都是爱好学问、潜心研究的硕学俊彦，以便在短期内学得唐之学术、制度，提高学识，开阔眼界，以期回国后利用他们出身名门、在朝显贵的地位推动各方面的改革。所以，遣唐使节一到长安，便如饥似渴地拜求名师，搜求人才，购买书籍，结交名流，虚心学习。

唐朝廷的盛情接待

遣唐使团登陆后，首先向当地的州都督府通报到达的消息。州都督府则在安排食宿的同时向在长安的唐朝廷奏报；得到唐朝廷允许进京的旨意后，根据指示确定入京人数，然后便由唐朝境内各州县公差护送，经汴州（今开封）、洛阳、潼关到达长安。被允许进京的，只限大使为首的主要成员，约五六十人。水手及其杂役一行一般留在沿海港口，等待大使们满载归来。等待的时间由几个月到一年不等。唐朝廷每年从国库拨粮一万三千斛，当作遣唐使的招待费用。

来长安朝见的外国使节，均由鸿胪寺负责一切接待事宜。鸿胪寺下设典客署，专管接待和欢送外国使节的事务，接待最多的是日本的遣唐使。

遣唐使除了像其他外国使节一样，凭"始至之州"发的"边牒"享受在唐停留期间的交通和住宿等待遇外，还受到鸿胪寺典客署自始至终的优惠接待："司仪加等，位在王侯之先，掌次改观，不居蛮夷之邸。"从公元八至九世纪，凡来唐的遣唐使团成员，自判官至水手，均受到唐政府每人每年赠绢五匹的特别优待。

遣唐使在长安郊外长乐驿下榻之后，唐宫廷的内使便引马（与人数相等）前来相迎，奉酒脯慰劳，为日本友人洗尘，然后一起骑上高头大马进入长安城。遣唐使被安置在四方馆，每日由唐朝廷特设的监使负责接待。遣唐使则将所带的"国信物""别贡物"等礼物奉献给唐政府。唐天子随即下令嘉奖朝贡，并回赐遣唐使同样的物品。在日本正仓院保存下来的物品中就有一些来自唐朝皇帝的回赐物品，如唐制的锦、绫等丝织品，鹿纹金银花盘等。

遣唐使们先在宣政殿或宣化殿举行遥拜天子的仪式，接着在麟德殿谒见天子。凡有所请，照例面许，赏赐有差，有时还授予官职。因此，中国史书又称遣唐使为"日本朝贡使"。如逢正月元旦，他们也需与百官、诸蕃共同参列朝贺。事毕归国时，举行相辞仪式，由唐监使宣读诏令，赠予答谢礼物并设盛宴送别，然后由内使监等官员为使节送行。有的送至沿海，有的则受天子之命，随遣唐使同行赴日回访。

唐朝的历代皇帝都极为重视日本的友好使节访华行为，往往都是亲自过问。《新唐书·东夷传·日本》载：唐贞观四年（630），犬上三田耜率领遣唐使首次赴唐，唐太宗"矜其远，诏有司毋拘岁贡"，并特派使臣新州刺史高表仁陪送遣唐使回国。《旧唐书·崔融传》载：武周长安二年（702）六月，以执节使粟田真人率领的第八次遣唐使来华，十月抵达长安，武则天在麟德殿亲自设宴招待。是时，粟田真人犹如唐户部尚书，"身服紫袍""容止温雅"，完全是一位中国封建士大夫的装束。粟田真人当即被武则天授"司膳卿"。中日朋友共饮美酒，同抒情怀，沉浸在欢乐之中。

唐玄宗对日本使节的款待更是周到。唐玄宗开元五年（717）三月，日本押节使多治比县守及日本著名留学生阿倍仲麻吕、吉备真备等乘船来唐。十月，使团抵达长安，唐玄宗"命通事舍人就鸿胪宣慰"。公元733年四月，多治比广成大使率第十次遣唐使来华，八月，"舟行遇风，漂至苏州"附近海岸，苏州刺史钱惟正奏闻后，唐玄宗"诏通书舍人韦景先往苏州宣慰焉"。次年四月，多治比广成一行抵达长安，唐玄宗立即接见了多治比广成等日本使者。唐天宝十一年（752）闰三月，日本派出以藤原清河大使为首的遣唐使赴华。他们经过九个月的长途跋涉，来到长安。次年正月初一，唐玄宗即在大明宫（亦称蓬莱宫）含元殿接见藤原清河、荣睿、普照等使者。唐玄宗对藤原清河格外欣赏，特令秘书监兼卫尉少卿晁衡（即阿倍仲麻吕）做向导，陪伴藤原清河等人游览大明宫府库、三教殿和长安及其名胜古迹，还令宫廷画匠给藤原清河等人画像留作纪念，真是关怀备至。当藤原清河一行回国时，唐玄宗赐诗饯行：

> 日下非殊俗，天中嘉会朝。念余怀义远，矜尔畏途遥。
>
> 涨海宽秋月，归帆驶夕飙。因惊彼君子，王化远昭昭。

字里行间充满了对日本客人的友好情谊。同时，唐玄宗还特别指派鸿胪寺卿蒋挑捥陪送他们至扬州，并指定魏方进负责接待。为了满足日本使节的学习要求，唐玄宗甚至变通"礼闻来学，不闻往教"的惯例，选著名儒生就寓邸授经。如"开元初，又遣使来朝，因请儒士授经，诏四门助教赵玄默就鸿胪寺教之"，并不因国家强盛而表现傲慢。公元743年（唐玄宗天宝二年，日本圣武天皇天平十五年），唐玄宗又敕令扬州地方官给入朝学问僧"每年赐绢二十五匹，四季给时服"。以后的唐德宗、唐宪宗等对日本使臣都以重要宾客相待。有唐朝廷最高阶层为榜样，唐朝士大夫、僧侣及各阶层民众与日本使者、留学生、学问僧等更是广泛结交，他们之间有的成了很好的朋友或亲戚。至此，中日文化交流发展到空前繁荣的阶段。

唐大明宫含元殿复原图

唐政府回赐日本遣唐使的赤紫地
水波鱼鸟纹缬绝（日本正仓院藏）

唐政府回赐日本遣唐使的
鹿纹金银花盘（日本正仓院藏）

外 交 使 命

中原汉族，古称"华夏"，一开始多用于自褒，后来经孔子"夷不乱华"的指点，逐渐被儒家理论化，成为中国历代（尤其是统一王朝）帝王的传统政治理念，并首先被用以指导外交方针的制定。一般来说，中国皇帝都认为外国应对中国执藩臣之礼，应对中国恭顺，至少也须敬重。而中国皇帝即使不能实际支配和保护它们，至少也应给予抚慰。唐王朝国势强盛，当然更逃不脱这种思想窠臼。唐太宗李世民被四方边疆少数民族尊奉为"天可汗"，其思想境界也确实比历代其他皇帝要高得多。《资治通鉴》卷一百九十八曾记述了李世民所说的话："自古皆贵中华贱夷狄，朕独爱之如一。"这句话表示出他在感情上不分种族，一视同仁。《旧唐书·大食传》记载：大食遣使来唐，进马匹方物，使者晋见太宗，唯平立不拜，唐太宗以"大食殊俗，并不见怪"。外国人在唐做官者也比比皆是。唐朝与新罗、日本的关系也是很好的例证。新罗在统一朝鲜半岛时，主要是依靠唐军消灭了对手，可一旦统一后，又把唐军逐出半岛。可为时不久，两国又重归于好。公元

662年，唐日两军大战于白江口，日本战败，气氛非常紧张。但不久，唐朝政府主动派使节赴日和解，交往如初。

总之，唐王朝在外交上不持僵硬态度，只要表面上尊重唐王朝，即使"朝贡"来的只是微不足道的东西，唐朝廷也会优礼有加，慷慨回"赐"。因为唐统治者需要的是政治上的影响，为自己树立"万方来朝"的"英明圣主"形象。

日本在圣德太子以前，历代统治者但凡和中国来往都甘愿自称臣属，甚至依恃自唐得到的封号获取政治上的好处。如《三国志·魏书·倭人传》记载，邪马台国女王卑弥呼从魏明帝那里得到"亲魏倭王"的册封，这等于由"邪马台国女王"一下子高升为"倭国王"，因此，获得了在诸小国中"合法的"霸主地位。又如《宋书·倭国传》记载，倭五王屡屡朝贡南朝的刘宋，并自己拟好了"使持节都督倭百济新罗任那秦韩慕韩六国诸军事，安东大将军，倭国王"的头衔，请求刘宋皇帝承认。很明显，这是企图仰仗中国皇帝的册封获得"合法"统治朝鲜半岛的权力。随着大和国家的发展和中央王权的强盛，圣德太子开始与中国进行对等外交。公元607年（隋大业三年，日本推古天皇十五年），也即在颁布《宪法十七条》三年之后，日本统治者认为自己已成为可与中国平起平坐的"礼仪之国"了，便在致隋炀帝的国书中使用了"日出处天子致书日没处天子无恙"的词句，招致了隋炀帝的不悦。《隋书·东夷传·倭国》对此有详细的记载。此后，日本不仅要求与唐对等，而且要求朝鲜半岛上的国家和唐帝国东北地区的渤海国在交往中对它称臣。即使在公元662年对唐和新罗的战争失败之后，日本仍要求新罗去日本的"进贡"使节应是王子或执政大夫的级别。据《续日本纪》记载，公元 760 年（日本天平宝字四年），日本因聘日的新罗使节级别太低，对来使不予接待，并要求新罗"以专对之人，忠信之礼，仍旧之调，明验之言，四者备具"时再来"朝贡"。《续日本纪》记载，公元 753 年（日本天平胜宝五年），日本借渤海国赴日使节回国之机，"赐"渤海国王"玺书"，教训他不上表文，"无称臣名"，要求渤海国王此后要"以礼进退"。总之，日本在东亚外交上表现出它一方面要与唐对等，另一方面又要高出别国一头的意图。

由于唐日两国外交态势如此，所以经常会出现礼仪上的争执。

如《旧唐书·东夷传·倭国》记载，公元 632 年（唐贞观六年，日本舒明天皇四年），唐派新州刺史高表仁随遣唐使犬上三田耜"持节往抚之"，但"与日本王子争礼，不宣朝命而归"，争礼争到连唐太宗的诏书都没有递交的程度，看来不是一般"招待不周"的问题，而是关乎两国关系的原则问题。又如据《日本书纪》天智天皇三年条记载，公元 664 年，唐驻百济镇将刘仁轨派郭务悰使日，至筑紫后，日本方面不受其所带书函，只是因为使节级别不合规格。再如《续日本纪》宝龟

唐代画家阎立本《步辇图》中的吐蕃使者禄东赞

十年四月辛卯条记载，公元 779 年，唐使孙兴进送遣唐判官小野滋野回日，其行列"左右建旗，亦有带杖"，日方的"领唐客使"认为此仪仗不合先例，请示天皇，结果是"唯听带杖，勿令建旗"。但是，在外交场合闹得最严重的一次还是公元 753 年（唐玄宗天宝十二年，日本孝谦天皇天平胜宝五年）元旦朝贺仪式上的席次之争。《续日本纪》上载，这天，唐玄宗在大明宫含元殿接受"百官和诸蕃朝贺"，"诸蕃"使节东西两畔排列。东畔：新罗第一，大食第二；西畔：吐蕃第一，日本第二。遣唐副使大伴古麻吕当下向仪式的主持者吴怀宝将军提出强烈抗议，并说"自古至今，新罗之朝贡日本国久矣。而今列东畔上，我反在其下，义不合得"，直到按日本的要求与新罗对调了位置才作罢。

日本为了顺利吸收唐朝的物质和精神文化，在唐日"尊卑"关系的处理上，也是煞费苦心。如国书问题，若使用平等辞令，难免会发生招致隋炀帝不悦那样的事情。而若使用以下对上的谦卑辞令，又有违本意。于是，日本就形成了遣唐使入唐不带国书的制度。公元 804 年（唐德宗贞元二十年，日本桓武天皇延历二十三年）八月，第十七次遣唐使第一艘船抵达福建，由精通汉语的留学生空海代替大使藤原葛野麻吕给唐福州观察使写了信。在谈到未带国书的理由时，他称："我国淳朴已降，常事好邻，所献信物不用印书，所遣使人无有奸伪，相袭其风，于今无尽。"此事记载在空海《性灵集》第十一卷中。这段话的意思是说，日本国历来讲信用，派来的使节都不是坏人，无须携带国书。这种解释当然只是外交辞令。唐王朝方面虽在原则上以"上国"自居，但在唐日两国关系中却讲求实际，灵活变通，以期维持正常交往。

因此，关于高表仁与日本王子争礼，不宣朝命而归的强硬态度，回国后即使没有受到贬责，也绝不会得到褒奖，以至于《旧唐书》在记述此事时还说他"无绥远之才"，明显地持批评态度。日方虽不带国书，但唐方却带有"诏敕"，赴日的唐使也往往带有同类性质的文书。至于唐朝皇帝对日本"国王""诏敕"的具体内容，《六国史》中从不记载披露，可能是怕有失体面。唐皇帝致日本天皇的一些国书也被遣唐使中途撕毁，以免引起日本朝廷不快，或害怕自己被追究"有辱使命"的责任。但是，总体来看，唐日在这一问题上采取"各唱各的调"的态度，双方均有保留和克制，并未影响两国关系的正常发展。

遣唐使入境后，就受到唐政府的热情接待和照顾。根据第十一次遣唐判官小野滋野和第十七次遣唐大使藤原葛野麻吕回国后所做的报告，以及随第十八次遣唐使入唐的请益僧圆仁的日记《入唐求法巡礼行记》可知，遣唐使船靠岸后，马上就有唐地方政府的官员前来相迎，安排食宿，驰报朝廷，并根据朝廷的指示，限定人数，乘船进京。因这三次都是由南路而来，所以大半是由运河北上再西行的。至于走北路的，则是由登州乘马前往。遣唐使在入长安前，先在城外的长乐驿住上一两日，然后再由内使"持酒脯宣慰""频有优厚"，接着在内使引导下乘马进入长安城，居四方馆。住下后，通过监使进上贡物，首先在宣政殿"礼见"（唐官员与日本使节会面），而后才在麟德殿谒见皇帝。此时，使节可提出希望和要求，一般都是有请必允。接着在宫里赐宴，并授赏授爵。据《新唐书·东夷传·日本》载，武则天曾对遣唐大使粟田真人授以"司膳卿"。而据《朝野佥载》记载，唐德宗曾对遣唐判官高阶远成授以"中大夫试太子中允"。遣唐使在长安停留期间，如遇年节、丧仪等事也都参与活动，如藤原清河等就参加了唐玄宗天宝十三年（754）的元旦朝贺仪式（大臣及使节向皇帝拜年，也兼有团拜的意思）。第十七次遣唐大使藤原葛野麻吕等还参加了唐贞元二十一年（805）唐德宗的丧仪，据《日本后纪》载，大使一行"于承天门立杖，始着素衣冠"。使团在完成使命回国前，唐皇帝将对此次朝贡进行答赐，朝廷举行送别宴会，最后遣内使送遣唐大使等至登船地点，有时甚至派专使送其回日本。当然，遣唐使在唐期间的一切费用皆由唐政府负担。

但是，在唐日因朝鲜半岛问题而关系紧张的时期，也发生过唐朝廷对遣唐使不客气的事情。如《日本书纪》载，公元 659 年（唐高宗显庆四年，日本齐明天皇五年），第四次遣唐副使津守吉祥在长安时，由于朝鲜半岛留学生韩智兴的从者西汉大麻吕向唐朝廷进谗言，唐朝廷欲将副使等判处流放，但最终以遣唐使随员伊博德的解释而得幸免。次年，唐日关系更加紧张，副使一行被软禁，直到唐与新罗攻占百济的

头戴乌纱帽的唐鸿胪寺官员

军事行动结束后才被释放。这种情况，只是在战争条件下偶然发生的一次事件。

文化使命

遣唐使成员都是经过严格选拔的饱学之士，或有某种高超技

艺的人才。他们在完成外交使命的同时，还担负着进行文化和贸易活动的任务，既是文化使者又是国家的"商人"。

在文化上，他们要进行考察、学习和引进，同时要接送留学生和学问僧，而唐王朝对于这些活动则是热情地提供方便。

书籍是传播文化最重要的媒介之一。遣唐使尤为重视对汉文书籍的搜求。据《唐会要》卷三十五载，唐开元十九年（731）四库书总数为八万八千卷，其中经库一万三千七百五十二卷，史库二万六千八百二十卷，子库二万一千五百四十八卷，集库一万七千九百六十卷。唐代官私的藏书量都是惊人的，书籍的买卖也非常盛行。唐贞观年间以及肃宗、代宗年间征集书籍均为出钱"购募"。由于书籍买卖的盛行，唐代大都市出现了专门买卖书籍的书肆。白居易之弟白行简的《李娃传》中提到李娃为使情人郑生东山再起，劝其再次应举。李娃曾陪郑生一起到市中的"鬻坟典店"买书，准备考试。中唐诗人吕温有《上官昭容书楼歌》一诗，由此诗可知吕温的友人崔红亮，贞元十四年（798）曾于洛阳南市"卖书肆"买过一本上有上官昭容题名的《研神记》一书。又据元稹《白氏长庆集》序言中说，元白二氏诗歌曾盛卖于长安书肆。再如张籍《送杨少尹赴凤翔》中也曾提到过卖书的"书铺"。开元年间，唐玄宗专门下诏禁止私写经书、私画私雕佛像出售，可见佛家典籍的买卖也曾兴盛一时。唐代藏书量的增加、书籍买卖的盛行，使遣唐使大量搜求汉文典籍更为方便。

第十一次遣唐使在长安期间，唐玄宗命晁衡（即阿倍仲麻吕）陪同，参观了府库所藏书籍。此事《旧唐书》《新唐书》均未记载，可能在唐方面看来属于平常之事，这也说明遣唐使经常进行这类参观活动。在长安采购图书也是遣唐使文化活动的内容之一。

如日本史书《王年代纪》载，隋开皇年间，遣隋使来到中国，求《法华经》。《善邻国宝记》中也说，是时日本国家书籍未多，遣小野妹子于隋，买求书籍，兼朝聘隋天子。由此看来，遣隋使小野妹子入隋主要使命是采买书籍，朝聘隋天子则是顺带之事了。圣德太子利用遣隋使携归的书籍，先后撰写了《胜鬘经义疏》一卷（611 年），《维摩经义疏》三卷（613 年），《法华义疏》四卷（615年）；同时，参照中国的修史方针，开始编纂日本国史，先后修撰了《天皇纪》《国纪》等一百八十部本纪，记述了天皇皇位继承的谱系、日本国家的历史、君臣民的关系等，从而开启了日本编纂国史的先河。

《日本书纪》白雉五年七月条记载，第二次遣唐大使吉士长丹等因从唐长安带回很多书籍和宝物而得到天皇赏赐。《旧唐书·东夷传·倭国》也载，第九次遣唐使多治比县守带着唐朝廷赏赐的"尽市文籍泛海而还"。唐人莫休符写的《桂林风土记》中提到"新罗、日本前后遣使入贡，多求文成文集归国"。文成即张鷟，他写的《游仙窟》在日本平安时代贵族中流传很广。第十一次遣唐副使吉备真备在回日之际，即携带了《唐礼》一百三十卷、《太衍历经》一卷、《太衍立成》十二卷、《乐书要录》十卷等。

遣唐使学习唐文化的热情很高。如多治比县守在长安出使期间，请求"儒士授经"，唐玄宗为此下诏，令四门助教赵玄默去鸿胪寺为他授课。多治比县守以带来的阔幅布作为束脩之礼赠送给老师。

遣唐使团中的大批技术和艺术方面的人才，在唐期间学习也很努力。如日本文献《三代实录》记载了第十八次遣唐使准判官藤原贞敏的故事。藤原贞敏善弹琵琶，入唐后拜琵琶名手刘二郎为师深造，两三个月内妙曲尽得。刘二郎很赏识藤原贞敏的才华，最后把自己的女儿嫁给了藤原贞敏。第二年藤原贞敏归国时，刘二郎以紫檀、紫藤琵琶各一面相赠。回国后的藤原贞敏出任雅乐助和扫部头，成为日本宫廷音乐的负责人，他的后代也继承了他的技艺和职务。

再比如日本右京医生菅原梶成因"明达医经"，被派为遣唐医师入唐请益（对不明白的问题提出请教）。他在唐期间就教于名医，回国后任针博士（教授针灸的老师），后来还做了天皇的御医。阴阳学在当时也是一门重要学问。第十三次遣唐阴阳师兼请益阴阳师春苑玉成，入唐后获得阴阳学的经典《难义》一卷，回国后即用以教授阴阳寮的学生。遣唐画师也颇有所得，如第十八次遣唐使藤原常嗣的傔从画家粟田家继，临摹了画于龙兴寺法华道场琉璃殿南廊壁上的南岳、天台两位大师画像。这些画像系中唐名画家韩幹的作品，粟田家继潜心临摹，"无一亏谬"。另据《新唐书·萧颖士传》记载，萧颖士能"观书一览即诵"，当世许多文人都愿拜他为师，尊其为萧夫子。遣唐使在长安时曾向唐朝政府请求愿聘请萧颖士去日本为师，可见为吸取大唐文化，日本使者真是不遗余力。像玉生、锻生、铸生、细工生等技师，显然不是为了到船上或唐王朝去从事生产活动的，而是到唐长安来参观学习各行业最新技艺的。尽管史书没有一一记载，但是我们都可以想象得到。

萧颖士画像

在遣唐使人员中，学问僧中的多数人都把得到的资助用来购买书籍，甚至把生活费都拿来购书。《续日本纪》载，日本天平七年（735），学问僧玄昉随遣唐大使多治比广成回国时，曾携带佛教经论五千余卷。此外被誉为"入唐八大家"的最澄、空海、常晓、圆行、圆仁、惠运、圆珍、宗睿等携归书籍的目录总数有二万卷以上。

大量汉文典籍能传入日本，除遣唐使外，还应归功于遣唐留学生。二百多年中，学成归国的留学生带回的汉文图书虽没有精确统计，但从大学寮南边的弘文院藏经书数千卷，大宰府的府库存书多卷，冷泉院收藏大量历代秘籍和图书文书，以及冷泉院失火后，藤原佐世奉勅撰写的《日本国见在书目》（见在，"现存"之意）等，可以窥知输日汉文典籍的数量并非少数。《日本国见在书目》仿隋书经籍分类法，内有易家（一七七卷）、尚书家（一一三卷）、诗家（一六六卷）、礼家（一九〇九卷）、乐家（二〇七卷）、春秋家（三七四卷）、孝经家（四五卷）、论语家（二六九卷）、说异家（八五卷）、小学家（五九八卷）、正史家（一三七二卷）、古史家（二四〇卷）、杂史家（六一六卷）、霸史家（一二二卷）、起居注家（三九卷）、旧事家（二〇卷）、职官家（七〇卷）、仪注家（九五卷）、刑法家（一一〇卷）、杂传家（三〇六卷）、土地家（三四一卷）、谱系家（一六卷）、簿录家（二二卷）、儒家（一三四卷）、道家（四五八卷）、法家（三八卷）、名家（四卷）、纵横家（三卷）、墨家（三卷）、杂家（二六一七卷）、农家（一三卷）、小说家（四八卷）、兵家（二二七卷）、天文家（四六一卷）、历数家（一六七卷）、五行家（九一九卷）、医方家（一三〇九卷）、楚辞家（三二卷）、别集家（一五六八卷）、总集家（一五六八卷），计四十家一六八八一卷。以上是冷泉院火灾后尚存的汉文图书，失火之前当远超于此。汉文图书对于日本文化的提高，具有无形的贡献。总之，遣唐使在学习和输入先进的唐文化方面起了十分积极的作用。

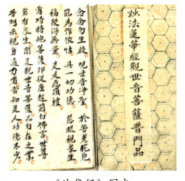
《法华经》写本

《游仙窟》

贸 易 使 命

遣唐使同时也是贸易代表。他们把日本的大批"国信物"（赠品）船载而来，又把唐赠送的大批"回赐"品船载以归，这实质上承担了唐日之间产品交换的任务。据《旧唐书》载，日使曾"献琥珀，大如斗，玛瑙若五斗器"。《延喜式》卷三十记载了日本给唐皇帝的礼品，计有："银大五百两，水织绝、美浓绝各二百匹，细绝、黄绝各三百匹，黄丝五百绚（qú，量词，丝五两为一绚），细屯绵一千匹，彩帛二百匹，叠锦二百帖，屯绵二百屯，绖布三十端，望陀布一百端，木棉一百帖，出火水晶十颗，玛瑙十颗，出火铁十具，海石榴油六斗，甘葛汁六斗，金漆四斗。"这应是一次遣唐使的贡物。《旧唐书·东夷传·倭国》上亦称日本国信物中有大如斗的琥珀及与五斗器同样大小的玛瑙，唐朝廷为之惊叹不已。圆仁《入唐求法巡礼行记》中称，仁明天皇承和五年（838）八月，日本第十八次遣唐使船抵达扬州，唐朝廷派十艘船前去卸货，一日始毕，足见数量之多。另据《太平广记》记载，日本遣唐使凡五百人，携国信物珍货数百万，载船十只抵海州。刺史李邕厚犒遣唐使团于馆舍，禁止出入，夜间尽夺船上国信物。翌日伪称"昨夜被海潮侵袭，船上货物全部漂失"等语。此虽属奇谈怪论，未尽可信，但足以说明当时遣唐使团从事朝贡贸易的事实。

遣唐使起航前，日本朝廷都要对遣唐大使、副使赐宴。赐宴时会赐给大使、副使大量砂金。例如桓武天皇赐给第十七次遣唐大使藤原葛野麻吕二百两砂金，副使石川道益一百五十两砂金；仁明天皇赐给第十八次遣唐大使藤原常嗣二百两砂金，副使小野篁一百两砂金。又据《延喜式》卷三十载，当遣唐使出发时，日本朝廷赐给物品如下。

大使：绝六十四、绵一百五十屯、布一百五十端。

副使：绝四十四、绵一百屯、布一百端。

判官：绝十四、绵六十屯、布四十端。

录事：绝六匹、绵四十屯、布二十端。

知乘船事、译语、请益生、主神、医师、阴阳师、画师：绝五匹、绵三十屯、布十六端。

史生、射手、船师、音声长、新罗译语、卜部、留学生和学问僧的傔从：绝四匹、绵二十屯、布十三端。

杂使、音声生、玉生、锻生、铸生、细工生、船匠、梶师：绝三匹、绵十五屯、布八端。

傔人、挟抄：絁二匹、绵十二屯、布四端。

留学生、学问僧：絁四十匹、绵一百屯、布八十端。

还学僧：絁二十匹、绵六十屯、布四十端。

水手长：絁一匹、绵四屯、布二端。

水手：绵四屯、布二端。

这是给遣唐使团人员出使唐朝充当旅费而赐。唐朝方面对于遣唐使团人员也分别赐给物品。例如对桓武朝及仁明朝的遣唐使人员，为了使他们前往长安，凡判官以下、水手以上的人，各赐绢五匹。可见他们在唐朝几乎不需要旅费，所以遣唐使们从日本带来的物品可能都用作交易了。

唐朝的回赐物品在日本文献中未见明确记载。但遣唐使一旦返回日本，日本皇廷立即将唐之答信物供于神社、山陵，奉告宗庙，然后将唐的彩帛颁赐给亲王以下、参议以上的内侍。遣唐使藤原常嗣回朝后，在日本皇宫建礼门前设宫市买卖唐物。由此看来，唐朝廷回赐的物品非常优厚，数量也多。据西岛三郎的《海外交通史话》记载，第十一次遣唐使即为采购东大寺大佛所需涂贴之黄金而被派到中国来的，这也从侧面说明遣唐使是负有贸易使命的。据说日本奈良正仓院现藏的器物及其他宝物中，就以遣唐使携归品所占居多。

遣唐使停派

遣唐使自改走南岛路和南路以后，海难频发。除公元759年的迎入唐大使（走渤海路）、公元779年的送唐客大使外，几乎每次遣唐使在路上都会出现意外，整个遣唐使的遇难率为四分之一至三分之一。因此，出任遣唐使颇需一种"壮士一去兮不复返"的气魄。前几期，遣唐使怀着宗教般的热情，敢于穿越东海波涛，去追求唐文化，而进入第四期后，日本平安贵族对唐物欲未减，而精神已衰，把出任遣唐使视为畏途，纷纷逃避。据《续日本纪》记载，公元761年（日本天平宝字五年），本来任命了右虎贲卫督从四位下仲石伴为遣唐大使，上总守从五位上石上宅嗣为副使，但不知什么原因，次年三月又罢了石上宅嗣的副使，而以从五位上藤原田鹰代之。一个月后，竟把原先的任命统统作废，而把原任的判官——只有正六位上级别的中臣鹰主提升了一级，作为送唐客大使，但也终未成行。公元775年（日本宝龟六年）六月，任命正四位下佐伯毛人为遣唐大使，正五位上大伴益立、从五位下藤原鹰取为副使。次年四月，天皇赐节刀，赠御服，船也已起航。但到了十一月，大使、副使又自大宰府回到京城，还了节刀，声称不得信风，无法赴唐。十二月，日本又罢了大伴益立等副使，重新任命从五位上小野石根、从五位下大神末足为副使。次年四月，好不容易拜辞了天皇，但还未出京城，"大使佐伯毛人到罗城门称病而留"。后来只好敕副使小野石根持节先发，并特嘱他一有顺风即发，不可等待。可见这次遣唐使的派遣遇到了多么大的抵抗，副使、大使一个个软磨硬泡，称病要赖，几乎到了公然不遵皇命的程度。最后一次遣唐使，即第十八次遣唐使，副使小野篁借口大使藤原常嗣夺去了好船，而称病不行，甚至做《西道谣》讽刺遣唐使。最后朝廷不得不采取惩罚措施，把他流放到隐岐。但是，公元894年建议中止派遣遣唐使的人，就是已经被任命为遣唐使而尚未出发的菅原道真。据日本文献《菅家文草》记载，菅原道真在给天皇的建议书中写道："臣等伏检旧记，度之使，或渡海不堪命者有之，或遭贼遂身亡者有之。唯未见至唐，而有难阻饥寒之悲。"这说明，尽管他提出停派遣唐使的原因有些道理，但对此行的恐惧心理，则可能是他提出这一建议的直接原因。

在遣唐使的派遣中，也出现了把政敌派出借以消灭异己的作法。如藤原仲麻吕当政时，就曾把一再遭贬的吉备真备突然增派为副使，而当时吉备真备已五十七岁，将近花甲之年，即使得免沉船之灾，也很可能会在风浪颠簸之中丢掉老命。在留学生中因害怕入唐而企图逃亡的情况也有。日本小说《宇津保物语》中描写了一个叫清原俊荫的人，他在十三岁时，通过考试做了式部丞；十六岁时参加遣唐使团前往唐朝，但在航海途中遭遇暴风袭击，三只船有两只遭到破坏，清原俊荫所乘的船幸而未沉，却漂到波斯国，遭遇了种种危险；三十三年后他才得以搭乘商船回到日本。小说表现出当时日本贵族对航海赴唐的恐惧心理。在另一篇小说《竹取物语》中，对大海险恶的描写也是令人感到颇为恐惧的。下凡的月中仙子辉夜姬故意出难题，要求求婚的贵族车持皇子送来东海蓬莱山的宝树枝，大伴御行大纳言送来龙头上的五彩玉。且看寻求蓬莱山宝树枝的车持皇子对东海的描述："那船漂流了很久，终于离开我们的日本国，漂向远方去了。有时风浪很大，那船似乎要沉没到海底去了。有时被风吹到了莫名其妙的国土，其中走出些鬼怪来，我几乎被他们杀死呢。有时全然失却方向，成了海中的迷途者。有时食物吃光了，竟拿草根来当饭吃。有时来了些非常可怕的东西，想把我们吞食。有时取海贝来充饥，苟全性命。有时生起病来，旅途无人救助，只得听天由命。这样住在船中，听凭它漂流了五百天。"当然，事实上车持皇子并没有去东海，而是请了六名能工巧匠躲在隐蔽处制造宝树枝。然而，他对东海上遭遇的描述除了"鬼怪"以外，其他都是遣唐使所遭遇过的，如风暴、漂流、饥饿、疾病等，也就是说，这种虚构是以事实为依据的，几乎骗过了辉夜姬。而另一个求婚者大伴御行大纳言，为了求得龙头上的五彩玉，果真下了海，但几乎丢掉了性命，真是吓破了胆。回到岸上时，他腹部膨胀，眼睛像两颗李子一般肿起，再也不到辉夜姬那里去纠缠了。总之，通过这部小说可以看到平安时代的日本贵族对大海的恐惧，他们宁可放弃天姿国色的仙子，也不敢问津大海。玄奘天竺之行，在陆路上遇到的种种危难，数百年之后，在《西游记》中被"妖化"，而遣唐使在东海浪涛之巅的挣扎，不久即被摄入"物语"而展现出来。

因为遣唐使肩负着重大的使命，且又是冒着极大的危险，所以日本朝廷历来对遣唐使的待遇堪称"皇恩浩荡"，而且越是到后来，待遇越崇隆。天皇授刀、赠衣、赏金、赐宴、赠诗、加封，可以说是极尽褒赏之能事了。第十一次遣唐使藤原清河出发前，孝谦天皇赐宴饯行，并做御歌相赠，歌中有"遣尔四舶，其早归来，朕当佩纻（zhù，苎麻织成的布），祷神以待"之句，表现了天皇对遣唐使衷心虔诚的祝愿。为第十七次遣唐使饯行时，桓武天皇除赋歌外，还特地命大膳职做了中国菜相飨。此外，又赐大使藤原葛野麻吕御被三条、御衣一袭、黄金二百两；赐副使石川道益御衣一袭、黄金一百五十两。对第十八次即最后一次遣唐使的欢送最为隆重，赐宴饯行时，不仅天皇自己赋歌相赠，还命五位以上的大臣都为遣唐使赋歌。天皇赐大使藤原常嗣御衣一袭、白绢御被二条、黄金二百两；赐副使小野篁御衣一袭、赤绢御被二条、砂金一百两。

对遣唐使的其他优待还有很多，如提级。第十一次遣唐大使藤原清河的位阶原来只是从四位下，副使大伴古麻吕是从五位下，但在出发前藤原清河被提升为正四位下，大伴古麻吕被提升为从四位上，即前者提升了两级，后者提升了四级。也有因出使成绩斐然而回国后得到提升的。如第二次遣唐大使吉士长丹，出使前的冠位是"小山上"，副使吉士驹是"小乙上"，回国后因其"奉对唐国天子，多得文书宝物"，吉士长丹被提升两级，为"小花下"，吉士驹被提升三级，为"小山上"。同时，对吉士长丹赐封二百户，赐姓为吴氏。对于因故未能归国的遣唐使，还特地派出迎入唐大使，接其回国。公元 759 年（唐肃宗乾元二年，日本淳仁天皇天平宝字三年）派出的高元度使团就是专为迎接藤原清河而派遣的。后来，藤原清河客死长安，日本朝廷追封其为从一位，所给荣誉甚高。为了把遣唐判官海上三狩等从聃罗国（济州岛）接回，日本朝廷于公元 779 年（唐代宗大历十四年，日本光仁天皇宝龟十年）特派道下长人为遣新罗使前往交涉。有时，还以兼国、事力、度者（均为地方长官）等赐给遣唐使。至于大规模地为遣唐使求神拜佛祈求平安，更是必备之事。

尽管日本如此厚待遣唐使，但平安时代的贵族日益耽于荣华富贵，失去了昔日追求唐文化的勇气，所以对被派遣之事是极尽推辞。虽说此后一个时期有着日本特点的国风文化逐渐形成，但不可否认，也开始了一个日本历史上对外来文化相对封闭的时代。

　　日本第一次派出遣唐使是公元 630 年（唐贞观四年，日本舒明天皇二年），最后做出停派遣唐使的决定是公元 894 年（唐昭宗乾宁元年，日本宇多天皇宽平六年），其间历时二百六十三年。究竟是什么原因导致了遣唐使活动的最后终止？综合各家的意见，大致归纳有以下四个因素。

　　（一）大化改新后，经过两个半世纪的唐日交往，日本已基本吸收了唐王朝的封建政治制度，而且经过不断实践，开始进行取舍扬弃，由单纯的模仿和"复制"逐步进入消化、创新和日本化的阶段。政治上律令制度的形成，文化上假名文字的创造，宗教上神佛同体思想的出现，等等，都说明日本新的一个阶段已经初露端倪。总之，经过两个多世纪文化上的"饱餐"之后，日本需要仔细地加以"咀嚼"，利用由此得到的营养来成长自己的骨骼和血肉了。"遣唐使"这一历史现象，是适应日本历史一定时期的发展需要而出现的，因此，也必因这一需要的消失而消失。

　　（二）遣唐使的派遣需要大批经费，而国家财政日益无力支付。第一、二两期遣唐使规模较小，因走北路，航行比较安全，国家所支付的费用和所经受的经济损失都比较小。而进入第三、四期后，规模越来越大，动辄五六百人，加上常有海难发生，国家所支付的费用和所经受的经济损失也越来越大了。每一次遣唐使从任命到出发大概需要两三年的时间。首先，最起码的准备是造船和预备干粮。造船费用很惊人，如第十三次遣唐使团二次渡海都发生了海难，为了准备第三次渡海，向筑前、筑后、肥前、丰后等五国增加课税，把本来就因瘟疫流行而半死的农民搞得更加疲敝，以至于不得不在公元 838 年（日本仁明天皇承和五年）

下诏，对贫者加以救济。从准备航海干粮而言，如果按第十三次遣唐使的最初编制六百五十人计，若每人每日需干粮一升，则一天即需六石五斗。假定往返航海两个月，就需要准备干粮三百九十石。其次，还需要准备大批的礼物献给唐朝皇帝。还要给大使黄金二百两、副使一百两至一百五十两。另外，要给从大使到水手的整个使团和使团成员大批的绝、布、绵等赏赐品。船中要备甲胄一百领、草药五十九种、成药十一种及医疗用品若干。尤其对留学生、学问僧要付给相当数量的绝、布、绵，还要根据留学生的申请捎给砂金等物以当作其在唐学习和活动的经费。总之，派遣遣唐使的规模比较大，其费用自然是相当惊人的。据日本学者竹内宏在其著作《日本经济的实力和未来》中估计，"派遣使节所需的费用，在派遣使节那个年份的国民生产总值中所占的比例，也许超过了百分之几。在八世纪时，一次派出的遣唐使，人数达四百人到八百人左右。当时的日本人口，据说不到三百万人，所以按现在一亿多人口计算，等于派遣了近二万人"。显然，这样庞大的规模是不可能长期维持下去的。

（三）盛极一时的唐王朝，在"安史之乱"后一蹶不振。叛军所到之处大肆破坏、抢掠、杀戮，严重地摧残了社会经济，尤其是黄河流域的经济，致使黄河南北"人烟断绝，千里萧条"。长安、洛阳等城市所遭受的破坏更为严重。动乱之后，中央集权遭到削弱，藩镇割据势力日益膨胀。河北三镇（成德、卢龙、魏博）节度使跋扈到了自置文武将吏、私收赋税而天子不能制的地步。而中央政府也为宦官所把持，他们掌握军权，任免大臣，甚至能够随意废立皇帝。唐宪宗之后的九个皇帝，有八个是宦官所立。

— 81 —

朝臣中朋党之争也愈演愈烈。其后经过黄巢领导的农民起义军打击，唐王朝更是成为风前残烛。它高度的文明虽然依旧对日本平安时代的贵族泛着诱人的光彩，但在日本人眼里毕竟已失去了往日的耀眼形象。菅原道真向天皇建议停派遣唐使的理由之一，就是大唐的凋敝。

（四）九世纪后半期，唐王朝的对外贸易逐步发展。中国商船远航至波斯湾一带销售瓷器和丝绸，并由阿拉伯、印度和南洋各国输入香料等商品。唐朝商人也开始向日本、新罗活动。在最后一次遣唐使即第十八次遣唐使于公元840年回国后不久，即有唐商船于公元842年抵达日本。此后，唐商船去日更加频繁。这样，不但平安时代的日本贵族对所需的珍奇货物可以坐而得之，而且留学生也可以搭船自由来往，既不需要冒生命危险、花巨大费用，又不需一等二十年方能往还，遣唐使的派遣便失去了意义。

公元893年（日本宇多天皇宽平五年），在唐的日僧中瓘，托赴日的唐朝商人王讷捎回一份报告，备言大唐凋敝之状。次年，被任命为遣唐使的菅原道真上奏，建议停派遣唐使。公元894年（唐昭宗乾宁元年，日本宇多天皇宽平六年）九月三十日，日本朝廷最终做出了停派遣唐使的决定。

日有贤君——遣唐使的风采

　　当我们想观察自己的容貌和体形时，常常会很自然地站到镜子前，以旁人的眼光来审视镜子里的自己，从而会惊奇地发现自己从未留意到的一些侧面。人之习性如此，常常留意周围的目光，以此为鉴，端正仪容，修饰边幅。当人们被迫需要当机立断，或是描绘未来蓝图时，往往会回首往事，也就是从历史经验中吸取教训，并以此作为思考和判断的依据。在这个意义上来讲，历史如同一面明镜，中日两国多以"鉴"或"镜"命名历史书，原因就在这里。在世界各民族中，日本被视为是最在意自己的仪态、最留心国际社会眼光的民族。因此，无论日本人是为了更为正确地认识自身，还是我们为了构建国际化进程中丰富多姿的日本人形象，留存于中国文字史料和画像资料中的日本人像，不仅数量庞大，而且质量上乘，称得上是最闪亮的一面明镜了。

遣唐大使——吉备真备

2006 年 10 月 19 日，来自日本冈山县的日本友人，在西安市南门外的环城公园内，举行吉备真备纪念碑建成二十周年纪念活动。日本冈山县知事石井正弘在致辞中说："吉备真备出生于日本冈山县，公元 717 年到长安学习唐朝的政治文化制度，回国后对日本文化的形成和发展做出了重要贡献。吉备真备是我们冈山县的骄傲。这次我率领一百多位日本友人来到久仰的西安，希望通过这次纪念活动，让更多的日本人了解这段历史，把中日友好与合作更深一步发展下去。"日本友人还虔诚地向吉备真备纪念碑献花。

吉备真备（695—775）既是日本第十一次遣唐副使，又是日本历史上一位"博学、艺众"的学者，同时他又是坚持政治、司法改革的政治家和精通兵法的军事家。据《续日本纪》载，他原姓下道朝臣，相传祖先是孝灵天皇的皇子稚武彦命，世居吉备国（今日本冈山县）。他十五岁时曾入大学寮学习，位阶为从八位下。公元 716 年（唐玄宗开元四年，日本元正天皇灵龟二年），他在二十二岁时，被选拔为遣唐留学生，第二年即与阿倍仲麻吕等一起，跟随以多治比县守为首的第九次遣唐使团入唐学习。

吉备真备在唐长安期间，被安排由鸿胪寺提供各种费用。他虽未进入太学，但拜长安四门馆助教赵玄默为授业师。吉备真备在学业上的特点是广博，在长安的留学生涯前后达十七年。他去世时，《续日本纪》评价他说："留学受业，研览经史，该涉众艺。"他在唐长安时，无所不学，因而拥有三史、五经、名刑、算术、天文、历法、书法、音乐、秘术、杂占等百科全书式的知识。他的多才多艺给人留下的印象极深，以至于后来演绎出许多荒诞不经的故事。如《扶桑略记》中说，因为他才智过人，大唐皇帝十分爱惜，多方挽留不许他回国。吉备真备于是秘"封"日月，致使十日之内，天下时辰"怪动"。唐人占卜后，才知是日本国留学生因不能回国，以秘术"封"了日月。于是皇帝特下诏，准许其回国。《江谈抄》中则说得更为离奇，说唐人为了不让他回国，百般为难他，而他却在安倍氏鬼魂的帮助下，一夜弄通了《文选》，一夜学会了围棋，等等。这些事迹后来还被吉田兼好、土佐光长编绘为《吉备大臣入唐记绘词》，他几乎被美化成《三国演义》中诸葛亮式的人物。

公元734年（唐玄宗开元二十二年，日本圣武天皇天平六年），第十次遣唐使团（大使是多治比广成、副使是中臣名代）在长安完成了朝贡和其他外交任务而准备回国时，按照惯例要带回已学习期满的上次随遣唐使团同来的留学生、学问僧，故吉备真备、玄昉等便随第一艘使船循南路于公元734年11月从扬州返回日本，从而结束了留学生涯。

吉备真备在学业上的勤奋还表现在他在长安努力搜购汉文典籍，十分关心大唐的先进科技、军事理论等并尽力吸收。公元735年（唐玄宗开元二十三年，日本圣武天皇天平七年）吉备真备回国后，向朝廷献上了丰厚的物品。据《续日本纪》载："入唐留学生从八位下朝臣真备，献《唐礼》一百三十卷，《大衍历经》一卷，《大衍历立成》十二卷，测影铁尺一枚，铜律管一部，铁如、方响、写律管声十二条，《乐书要录》十卷，弦缠漆角弓一张，马上饮水漆角弓一张，露面漆四节角弓一张，射甲箭二十只，平射箭十只。"此外，在九世纪末藤原佐世撰成的《日本国见在书目录》中，载有《东观汉记》一百三十三卷，而且特别说明是吉备大臣携来之物。由此可见，除了上述献给朝廷且见于记载的外，吉备真备还带有其他汉文典籍。根据已知资料来看，他是带回唐典籍、物品最多的一位留学生。吉备真备留唐十七年，不仅完成了学习任务，还搜购了很多唐物，一方面说明他自己勤奋好学，另一方面也说明唐朝廷对留学生除供给衣食外，还有类似"奖学金"之类的赏赐。吉备真备带回的汉文典籍和物品，对日本文化的发展起了一定的积极作用。如《唐礼》对日本朝廷在礼仪上的改革有很大影响，而《大衍历经》和《大衍历立成》又促进了日本的历法改革。由唐朝的一行和尚所造的最新历法，在吉备真备带回去二十八年之后（即公元 763 年）为日本政府所采纳。他带回国的乐书、乐器对于唐乐在日本的传播也起了积极的作用。尤其是《乐书要录》一书，全书十卷，是唐朝儒生元万顷、范履冰、周思茂等奉武则天之命撰写的。吉备真备通过此书首次向日本介绍了中国的音乐理论，为确立日本的音律理论做出了重要贡献。这部乐书后来在中国散佚，如今只有日本保存该书第五、六、七这三卷。其中，第五卷有"辨音声""论二变义"等十一个项目，第六卷有"纪律吕"等四个项目，第七卷有"律吕旋宫法""识声律法"等三个项目。吉备真备带回日本的铜律管和铁如、方响、写律管声十二条，首次把当时先进的中国调律用具介绍到日本，对日本音律的确立和调整起了很大作用。

吉备真备回国后，被任命为大学助（大学寮的正职是"大学头"，相当于今之校长，而"大学助"则是"大学头"的副手，相当于副校长），授正六位下。日本醍醐天皇延喜十四年（914），三善清行在给醍醐天皇所上的《意见封事十二条》中曾说，右大臣吉备朝臣恢宏道艺，亲自为大学寮的四百名学生传授五经、三史、明法、算术、音韵、籀篆等六道。这使得日本大学寮的教学内容因补充了盛唐各方面的新知识而更加充实和完备。

公元 737 年（唐玄宗开元二十五年，日本圣武天皇天平九年），吉备真备被委任为右卫士督兼中宫亮，负责宫廷防守和皇太后宫中事宜。此年瘟疫流行，把持朝政的藤原不比等和他的四个儿子相继死去，从唐朝回国的留学僧玄昉和吉备真备才得以从门阀政治的缝隙中崭露头角。后来，他又被任命为东宫学士、春宫大夫等，做了皇太子阿倍内亲王（后来的孝谦女皇）的老师，讲授《礼记》等学问。公元 746 年（日本圣武天皇天平十八年），他被赐姓吉备朝臣。翌年任右京大夫（奈良时代平城京分东西两部分，西都叫右京，右京的长官叫右京大夫）。公元 748 年（日本圣武天皇天平二十年）元正太上皇驾崩，吉备真备被任命为山作司，负责修造陵墓。此年，他还主持改定了释典（日本古代学校的一种典礼，陈设酒席以祭奠孔子）的服器和仪式。

孝谦天皇即位以后，藤原仲麻吕受宠得势，吉备真备受到排挤。公元 750 年（日本孝谦天皇天平胜宝二年），吉备真备连续被左迁为筑前守、肥后守。这时，朝廷正派遣第十一次遣唐使，本来已任命藤原清河为大使，大伴古麻吕为副使，翌年，又增补吉备真备为副使。一方面是因为吉备真备曾留唐十七年，是当时首屈一指的"唐朝通";另一方面是当权的藤原仲麻吕欲借其出使以达到消灭政敌的目的。然而,吉备真备经受住了考验。这次遣唐使在长安的活动极为出色,受到了唐玄宗的特殊礼遇和高度评价。

遣唐使回国后,从公元754年(日本天平胜宝六年)到公元763年(日本天平宝字七年),吉备真备先后被任命为大宰少贰和大宰大贰(大宰少贰和大宰大贰都是大宰府的次官,位于大宰帅之下)。公元756年(日本天平胜宝八年),由他主持在筑前国(今日本福冈县)怡土郡修建了怡土城。当时掌握中央政权的藤原仲麻吕正酝酿西征新罗,加之唐帝国又爆发了"安史之乱",淳仁天皇很紧张,害怕"狂胡安禄山"东掠日本,于公元758年(日本天平宝字二年)十二月敕令大宰府进行军事准备。诏敕中说:"其府帅船王及大贰吉备朝臣真备,俱是硕学,名显当代。简在朕心,委以重任。宜知此状,预设奇谋。"吉备真备提出优抚百姓,减轻徭役,并在此基础上加强边防。公元760年(日本天平宝字四年),日本朝廷派遣授刀舍人春日部三关等六人去大宰府向吉备真备学习"诸葛亮八阵、孙子九地及结营向背"之法。次年,日本朝廷更热衷于"讨伐"新罗,吉备真备被任命为西海道使,统兵一万二千五百人,水手四千九百二十人及战船一百二十一只。此时,他在文化上的建树则是撰写了《道璿和上传纂》,但此书已失传。

公元764年(日本天平宝字八年),吉备真备被调回京城,任造东大寺长官。九月,藤原仲麻吕叛乱,作为当时一流的军事家,吉备真备被召参与军事平乱。由于指挥得当,前后仅十七天便平定了叛乱。此次平叛之战,充分显示了他卓越的军事才能。

由于政敌藤原仲麻吕的覆灭，吉备真备此后在政治上平步青云。他以平叛有功，被授予从三位勋二等，并出任参议兼中尉大将，得以参与朝政并主管皇宫守卫。公元 766 年（日本天平神护二年）三月升任大纳言（大纳言，即太政官次官，位于右大臣之下）。在大纳言任上，他推广并奖励种麦，以备灾荒。同时在京城壬生门立了两根柱子，凡百姓有冤情者可至此申诉，由弹正台受理。同年十月，更拜右大臣（右大臣，太政官长官，位于左大臣之下），达到了他一生政治生涯的顶峰。

在右大臣任上，吉备真备与同样曾留学唐朝的大和长冈一起，删定了养老律令，改正了条文中互相矛盾或不尽适当的地方。由他们删定的律令在日本桓武天皇延历十年（791）开始实行，持续了二十一年。另外，为了训诫自己的子孙，他以《颜氏家训》为样板，写了《私教类聚》一书，表现了他尊重神佛、排斥道教、强调忠孝和重视实学的思想。

公元 770 年（日本宝龟元年），称德天皇去世，光仁天皇即位。原来一直受宠、由太政大臣做到"法王"的道镜遭贬。七十五岁的吉备真备也两度上表辞官被准，遂于次年卸任右大臣职务。公元 775 年（日本宝龟六年）十月二日，他以八十一岁高龄寿终。

有学者说，日本古代由学者立身而成为大臣的只有两个人，一个是平安初期的菅原真道，另一个是奈良朝的吉备真备。确实，在门阀贵族把持政权的时候，由一个下级贵族而成为政治核心人物，实在是很少见的。一方面固然有种种机遇，另一方面也确实是因为他们具备了非凡的才艺。吉备真备是先进的唐文化哺育出来的十分卓越而博学的学者。他学成回国后，在教育、文化、军事、刑律、建筑、历法等几乎所有方面都有不同程度的建树，对推动奈良时代日本文化的发展和中日文化交流做出了重要贡献。他可以被看作是努力吸收盛唐文化而促进日本文化发展的一代遣唐大使的杰出代表。

《吉备大臣入唐记绘词》画卷中，描绘了吉备真备入唐的情景。现藏于美国波士顿美术馆

吉备真备运用《孙子兵法》平息叛乱。日本NHK电视台拍摄的《遣唐使》视频截图

传奇大使——藤原清河

藤原清河（706—778）是日本圣武天皇时代（724—749）外戚、中卫大将藤原房前第四子，光明皇后（圣武天皇皇后）之侄，在朝历任要职，官至参议，叙正四位下。藤原清河品貌出众、学识渊博。公元750年（日本孝谦天皇天平胜宝二年），孝谦天皇准备向唐朝派出第十一次遣唐使。由于海途险恶，遣唐大使的人选既要具备外交才能，又要熟悉航海技术，于是，才貌双全的藤原清河被孝谦天皇选中。

公元750年（唐玄宗天宝九年，日本孝谦天皇天平胜宝二年），藤原清河被孝谦天皇任命为第十一次遣唐使团大使，副使是大伴古麻吕和吉备真备，判官是大伴御笠。此前，日本派遣入唐使节，船只多为两艘，除任命一名大使外，副使只任命一人。而这次渡海船只达到四艘，天皇又追加吉备真备为第二副使。原因是当时日本的造船、航海术尚处在初级阶段，遣唐使面临着渡海这一生死关，渡海赴唐是极其危险的使命。孝谦天皇出于这种考虑，为防万一有失，不至于全团覆没，若有一船幸免海难，也能完成第十一次遣唐使使命而做出这种决定。另外，吉备真备曾留唐十七年，对唐非常熟悉，所以孝谦天皇追加他为遣唐副使。

在接受遣唐大使的任命后，藤原清河便组织遣唐使团成员进行了隆重的拜朝仪式。据《续日本纪》记载，在船队启程前，孝谦天皇在宫内为遣唐使节设宴饯行，并亲赐御制歌。宴酣之际，孝谦天皇告诫藤原清河、大伴古麻吕、吉备真备等使节说："卿告示奉使，言语必和，礼义必笃，毋生嫌隙，毋为诡激。"

祭神春日野，神社有梅花。待我归来日，花荣正物华。

这首日本和歌被记录在日本文献《万叶集》中，其作者就是遣唐大使藤原清河。当时由于航海用的是帆船，航海技术原始落后，遇到风暴时经常有生命危险，所以遣唐使节出发前，都要到神社祈祷，祈求神灵保佑。据《大日本史》记载：藤原清河于公元 750 年被任命为遣唐大使，第二年就"遣参议石川年足于伊势，奉币帛于大神宫"，又"遣使奉币天下诸社，以祈遣唐使平安"。出发之前，藤原清河又亲自到春日神社祭神。这首日本和歌就是他祭神时触景生情所写。他没有去写祭神的仪式，也没有写祈求神灵保佑的话，而是写他见了神社中的梅花产生的一种感想。他希望自己归来之日，正是梅花盛开之时，含蓄地表达了祝愿遣唐使团一帆风顺、早去早回的愿望。

《万叶集》中还有一首藤原清河的和歌："长年从此别，吾恋必加深。自此思吾妹，别时已近临。"遣唐使出发前有什么活动，史书中没有记载。他们当时的思想感情如何，史书中就更找不到记载。而这首诗则表现了藤原清河出发前的思想感情，表现了他们兄妹二人分别时依依不舍的情形，别后思念将与日俱增，因为这是长年之别，别后能否相见，也不得而知。其实，这一次已经成了他们的永别。藤原清河此去未能复返，再也没有回归日本。

公元752年（唐玄宗天宝十一年，日本孝谦天皇天平胜宝四年）四月二十七日，由四艘船五百人组成的第十一次遣唐使船队从难波港出发，他们将横渡东海前往大唐长安。此次藤原清河率领的遣唐使船队循南岛路航行：先沿九州西海岸南下，经种子岛、奄美大岛，然后横渡中国海。经过数十日海上航行，终于驶进唐朝长江下游的明州（今浙江宁波）。按照唐朝惯例，在遣唐使安全抵达唐朝的疆土后，要由地方政府安排住宿。明州都督府遂对藤原清河一行做了妥善安排，同时将此事立即呈报唐朝皇帝，等朝廷下达旨意后，再安排使节进入长安。

不久，唐玄宗圣旨到：藤原清河与两位副使及判官等人获准进入长安。藤原清河一行在扬州乘坐唐朝廷提供的官船，沿大运河北上，至汴州，然后西进，最后抵达唐长安郊外长乐驿，在此处等候唐朝天子圣谕。当唐朝廷传达圣旨后，藤原清河一行乘坐骏马，在内使的引导下，进入唐长安城内的四方馆。在这里，藤原清河一行受到了唐朝廷的优厚接待。

唐天宝十二年（753）元旦，唐玄宗在蓬莱宫（大明宫）含元殿接受百官、诸番的朝贺。藤原清河将从日本带来的贡物呈献给唐玄宗。唐玄宗接受了藤原清河的贡物后，随即下旨嘉奖日本贡使。藤原清河按照礼节，率遣唐使节在宣化殿进行了谒见唐朝天子的仪式，随后在麟德殿谒见了唐玄宗。富丽堂皇的麟德殿上，品貌俱佳的藤原清河礼节周到、仪容端正，在云集于唐长安的各国使节中独放异彩。他得体的言行举止，得到了唐玄宗的赏识，还被奉为上宾加以款待。在宴会上，唐玄宗特别欣赏藤原清河，赞叹说："闻日本国有贤君，今见使者趋揖自异，礼仪国之称，洵不诬也！"宴后，唐玄宗特令秘书监兼卫尉少卿阿倍仲麻吕引导藤原清河等人，遍观府库藏书，儒、释、道三教汉文典籍和唐长安市容及名胜古迹。又命宫廷画师为藤原清河大使，副使大伴古麻吕、吉备真备等人画像作为留念。

在唐长安，藤原清河耳闻目睹了唐朝繁荣昌盛的景象，对王贞白的《长安道》一诗尤为欣赏。诗曰：

晓鼓人已行，暮鼓人未息。梯航万国来，争先贡金帛。

这首诗的意思是：每当晨鼓响时长安街巷已是人群熙攘，尽管暮鼓咚咚依然是车水马龙；万国番邦使者跋山涉水来到唐朝，争先恐后地呈献金帛贡品。藤原清河亲眼看到了唐朝这种繁盛景象：来自西方被唐人称之为"胡人"的波斯商人，从库玛丹城远道来唐的骆驼商队，还看到随同辽东的新罗人入朝的日本人的身影……他感到唐朝真不愧是世界上伟大的帝国。

公元753年，藤原清河圆满完成了访唐使命启程回国，唐玄宗特赐诗相送，并派鸿胪寺卿蒋挑捥护送使团到扬州，并提供其归途一应之需，可谓照顾备至。又允准留居唐朝三十七年的阿倍仲麻吕要求归国之请，钦命其为唐朝回访日本使节团成员，护送藤原清河一行返回日本。

同年十月，回日使团一行到达扬州，探望了因五次东渡失败而双目失明的鉴真大师。藤原清河对鉴真大师决心东渡日本传播盛唐文化的崇高精神钦佩至极。他征询鉴真大师是否愿意一同东渡，鉴真大师欣然应允，遂带弟子加入遣唐使东渡日本的航程。

十一月，归日遣唐使船起航，在行至冲绳附近海域时遭遇暴风，藤原清河大使和阿倍仲麻吕送使的第一艘船与鉴真所乘船失去联系，最后，藤原清河、阿倍仲麻吕一船人漂流到了安南的灌州（今越南北部）。他们登上陆地，打算休息后再做打算。然而，不分青红皂白的当地土著人，以标枪、箭弩向他们施以轮番攻击，百余人中仅藤原清河、阿倍仲麻吕等十余人幸免于难。他们几经周折，历尽艰辛，辗转一年多又回到唐都长安。唐玄宗喜闻藤原清河、阿倍仲麻吕生还长安，立即召见，并为他们设宴压惊洗尘，盛情挽留二人在朝廷任职。之后不及半年，"安史之乱"爆发。唐天宝十四年（755）六月，唐玄宗逃往成都，藤原清河与阿倍仲麻吕从之，直到唐肃宗至德二年（757）十二月才随唐玄宗返回长安，遂留在长安秘书监为官。

副使大伴古麻吕的第二船、副使吉备真备的第三船、判官布势人主的第四船分别于日本孝谦天皇天平胜宝六年（754）正月、天平胜宝五年（753）十二月、天平胜宝六年四月漂回日本。高僧鉴真即于这次随日使东渡成功（乘第二船）。回归日本的使节们均得到了天皇的褒奖。

回到唐长安后，藤原清河与唐长安一名女子结婚，后来生有一女，取名"喜娘"。

藤原清河虽然身在唐长安，却频频请渤海使节带信给日本天皇，表达了希望回国的愿望。日本朝廷得知藤原清河死里逃生、化险为夷回到长安等情况后，即于淳仁天皇天平宝字三年（759）正月三十日任命高元度为迎入唐大使、内藏全成为判官、羽栗翔为录事，组成迎接入唐大使藤原清河的使团（是为第十二次遣唐使）。羽栗翔是阿倍仲麻吕入唐时的随从羽栗吉麻吕与唐长安女子所生之子，高元度则是归化人。使团人数九十九人，于二月十六日随渤海国大使杨承庆等同时出发，携天皇所修让渤海国王送日使入唐国书，取道北路，先至渤海。时遇史思明继安氏父子大乱唐朝，自称燕皇帝，改范阳（今北京城西南）为燕京，渤海至中原沿途各地兵荒马乱。渤海国王欲遵天皇之嘱派人护送日使入唐，又恐路上遭遇不测；欲遣日使返国，又恐违背日本天皇之意。在左右为难的情况下，渤海国王决定仅送高元度等十一人冒险前往长安；另派玄菟州刺史高南申护送以判官内藏全成为首的其他使团成员自渤海返回日本。遗憾的是，高元度虽至唐，却因战乱而不得朝见。虽然如此，日本朝廷对藤原清河仍念念不忘，屡次加官进位：公元760年遥授藤原清河为文部郎；公元764年，由"遣唐大使"改任为"在唐大使"，并进官位从三位。公元770年（唐代宗大历五年，日本光仁天皇宝龟元年），七十三岁的藤原清河在唐长安离世。唐代宗对藤原清河的死非常痛心，为嘉奖他对中日文化交流做出的贡献，特追封他为潞州大都督。

公元777年（唐代宗大历十二年，日本光仁天皇宝龟八年），日本第十五次遣唐使小野石根、大神末足渡海，历经艰险到达唐长安。他们带来天皇致藤原清河的信，要求他"与使归朝"，然而藤原清河已经离世，小野石根便把日本天皇的诏书交给了藤原清河在长安的夫人。据《续日本纪》载，天皇敕藤原清河书曰："汝奉使绝域，久经新序，忠诚远著，消息有闻。故今回聘使，便命迎之。仍赐绝一百

藤原清河画像

匹、细布一百端、砂金大一百两。宜能努力，与使归朝。相见非赊，指不多及。"

使团中的音乐使者

音声长与音声生

在遣唐使团中，大使、副使、判官、录事是遣唐使团中的四级官吏，是从当时日本最精通历史与文化并通晓唐朝情况的官吏中选任的。此外，使团中还包括各个方面的专门人才：知乘船事、造舶都匠、译语、主神、医师、阴阳师、画师、史生、射手、船师、音声长、卜部、杂使、音声生、玉生、锻生、铸生、细工生、船匠、舵师、挟抄、傔人、水手长、水手等。其中与音乐有关的是音声长与音声生，遗憾的是，记录遣唐使事迹的《日本书纪》《续日本纪》《日本后纪》《续日本后纪》《日本三代实录》等日本正史中，关于音声长与音声生的活动没有留下任何记录，只有《延喜式》一书中留有遣唐使中音声长与音声生俸禄的记载。据《延喜式》载：音声长的俸禄与船师、译语、留学生、学问僧相同，即绝四匹，绵二十屯，布十三端；音声生与船匠、玉生相同，即绝三匹，绵十五屯，布八端。关于音声长和音声生的职务，日本学者木宫泰彦认为，音声长是为了在唐朝宫廷中朝贺、拜辞时演奏日本音乐而来的音乐名家，音声生是专门来学习中国音乐的留学生。遣唐使作为日本国正式派遣的大型使团，到达中国时首先会受到中国各地地方官员的欢迎和接待；抵达唐都长安时，中国皇帝还要亲自接见并举行宴会。在这些正式的官方仪式活动中，随同遣唐使前来的音声长和音声生便执行演奏日本音乐的任务。在演奏日本音乐的时候，音声长担任主奏或作为指挥者和组织者，作为合奏者由音声生数人参加演奏，所以音声生不仅是来唐长安学习中国音乐，同时还担任着演奏日本音乐的任务。

音声长和音声生在随同遣唐使团演奏日本音乐的同时，在唐长安停留期间学习与研究中国音乐是他们的另一项重要任务。当时全面学习先进的中国文化，吸收中国各个领域的优秀成果，是遣唐使团全体成员的基本任务。音声长与音声生作为音乐方面的专门人才，利用这个非常难得的机会学习与研究中国音乐文化是理所当然的。而且，从遣唐使团归国后的活动也可以反证他们在中国期间的任务和活动内容。正是在日本派遣遣唐使团期间，许多唐乐才传入日本，并在日本宫廷与国家的重要仪式中频繁演奏。《续日本纪》中记载，天平胜宝七年（755）五月五日端午节，"天皇御北松林览骑射，入唐回使及唐人奏唐国、新罗乐"。当时正是第十次遣唐使团归国不久，他们能在天皇面前演奏唐乐，说明了在遣唐使团中有人认真学习与研究过唐乐，这些人当然主要是音声长与音声生，当然还包括一些其他遣唐使者、留学生和学问僧等。

日本琵琶之祖——藤原贞敏

藤原贞敏（807—867），日本平安时代的琵琶演奏家，第十八次遣唐使团准判官，曾在长安学习琵琶演奏，归国后对日本琵琶音乐的发展做出了重要贡献。藤原贞敏年轻时就精于琵琶，公元

838年（日本仁明天皇承和五年）以遣唐判官身份跟随遣唐大使藤原常嗣进入长安，借机学得中唐时代的琵琶新说。回归日本后，历任日本音乐机构的"雅乐助""扫部头"等官职，成为三代天皇的音乐事务负责人，开日本雅乐琵琶新风气，被后世尊为日本"琵琶之祖"。

在《日本三代实录》第十四卷中，详细记载了藤原贞敏的人生经历。清河天皇贞观九年（867）十月十日载："从五位上行扫部头藤原朝臣贞敏卒。贞敏者，刑部卿从三位继彦之第六子也。少耽爱音乐，好学鼓琴，尤善弹琵琶。承和二年为美作掾，兼遣唐使判官。五年到大唐，达上都。逢能弹琵琶者刘二郎，贞敏赠砂金二百两。刘二郎曰：礼贵往来，请欲相传。即授两三调，二三月间尽了妙曲。刘二郎赠谱数十卷。因问曰：君师何人，素学妙曲乎？贞敏答曰：是我累代之家风，更无他师。刘二郎曰：於戏，昔闻谢镇西，此何人哉？仆有一少女，愿令荐枕席。贞敏答曰：一言斯重，千金还轻。既而成婚礼，刘娘尤善琴筝，贞敏习得新声数曲。明年，聘礼既毕，解缆归乡。临别，刘二郎设祖筵，赠紫檀、紫藤琵琶各一面。是岁，大唐开成四年，本朝承和六年也。七年为参河介，八年迁主殿助，少选，迁雅乐助，九年春授从五位下，数岁转头。齐衡三年兼备前介，明春加从五位上。天安二年丁母忧，解官。服阕拜扫部头，贞观六年兼备中介。卒时六十一。贞敏无他才艺，以能弹琵琶，历仕三代。虽无殊宠，声价稍高歆焉。"

日本《音乐大事典》载：公元838年（唐文宗开成三年，日本仁明天皇承和五年），藤原贞敏作为遣唐判官，与僧圆仁、大户清上一起渡海入唐，随开元寺琵琶名手廉承武学习《流泉》《啄木》《杨贞藻》等琵琶秘曲，并与先生的女儿结婚。先生所赠琵琶名品"玄象"与"青山"，翌年归国时他献给了仁明天皇。

《大日本史》载："日本遣唐判官藤原贞敏，入唐后，曾以砂金二百两拜长安刘二郎为师，学习琵琶，并娶刘二郎之女为妻，返国时，刘二郎赠乐谱十卷及名为'青山''玄象'的琵琶两把；到扬州后又向八十五岁的琵琶博士廉承武学习了二十三天，得其所赠之《琵琶诸调子品》一卷，经藤原贞敏转抄后复加自跋，方留存到今。"《琵琶诸调子品》又称为《开成琵琶谱》，流传至今，保留在贞保亲王《伏见宫本琵琶》。这是从中国传入日本的最早的琵琶谱之一，具有重大的历史价值，现藏于日本宫内厅书陵部。

根据以上日本文献记载可知，刘娘是刘二郎之女，通晓音律，是当时弹筝高手，也是琵琶高手，藤原贞敏也曾向她学习筝艺。后来，刘二郎便将心爱的女儿许配给藤原贞敏。在藤原贞敏夫妻回国时，刘二郎将珍藏的名为"青山""玄象"的紫檀、紫藤琵琶各一面赠送给藤原贞敏留作纪念。公元839年（唐文宗开成四年，日本仁明天皇承和六年）二月十九日，藤原贞敏跟随遣唐大使藤原常嗣一行乘船回国，并于同年八月安全到达日本。

藤原贞敏夫妇对中日音乐交流及日本音乐发展的贡献，可以概括为如下三点：

第一，藤原贞敏作为日本仁明朝遣唐使团的准判官赴唐，跟随唐琵琶大师学习琵琶，归国后曾在日本天皇面前演奏，对提高日本的琵琶演奏技艺、发展日本的琵琶音乐做出了重要贡献。

第二，藤原贞敏对于日本奈良时代以来的琵琶调子谱与调弦法做了大幅度的改革，即把日本传统的调弦法与从唐朝学来的多种调弦法加以综合，制订了以风香调、返风香调、黄钟调、清调四调为中心的日本雅乐琵琶谱的调弦规范。

第三，随着藤原贞敏之妻、刘二郎之女——刘娘来到日本，唐十三弦筝也随着传到日本。回国后藤原贞敏将两把珍贵的琵琶献给了天皇。在日本，人们认为日本的琴法和筝法是他们夫妻二人由中国带去的，这促进了日本琴筝文化的发展。

木画紫檀琵琶及螺钿紫檀五弦琵琶，均由唐代传入日本，为日本圣武天皇心爱之物。现藏于日本奈良正仓院。

乐圣——大户清上

大户清上（？－839），平安朝著名音乐家，被认为是日本最早的作曲家。公元838年（唐文宗开成三年，日本仁明天皇承和五年），大户清上作为第十八次遣唐使团的准判官，与藤原贞敏、圆仁一起赴唐，并于次年回国。令人痛惜的是他归国后不久即去世。

据《中日音乐交流史》记载，邓小平1978年访日，日本天皇在宫中设宴招待时，宫内厅演奏的日本宫廷"雅乐"中就有唐代古乐，其中的乐曲就是大户清上的遗作。

大户清上在入唐前就已经成名。公元833年，日本仁明天皇即位举行宴会时，上演的三首舞乐曲即为大户清上所作。

日本《教训抄》中记录有大户清上作曲的曲目如下：

《安摩》：奉敕大户清上作之。

《承和乐》：舞，三岛武藏；乐，大户清上作。

《胡饮酒》：舞，大户真绳；乐，大户清上作。

《壹弄乐》：舞，大户真绳；乐，大户清上作。

《壹团娇》：大户清上、三岛武藏作。

《清上乐》：大户清上最后之作。

《感秋乐》：大户清上作。

《应天乐》：舞，尾张（连）滨主；乐，大户清上作。

《体源抄》记载，仁明天皇时代音乐非常盛行，扫部头藤原贞敏、大户清上等渡唐，传入琵琶曲、笛曲，但笙曲具体由谁传入则没有记载。

吉川英史所著的《日本音乐的历史》中记载，大户清上是作曲最多的人。《清上乐》《承和乐》《壹团娇》《海清乐》《拾翠乐》《应天乐》《感秋乐》《左扑乐》等都是大户清上所作。大户清上入唐回国后，创作了许多受唐乐影响的乐曲，有"乐圣"之称。

琵琶谱抄本

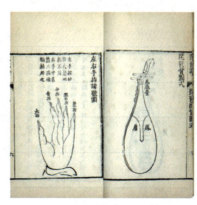

琵琶谱

弹琴国手——良岑长松

良岑长松（？—879），为日本平安朝演奏古琴的名手。公元838年（唐文宗开成三年，日本仁明天皇承和五年），作为日本仁明朝遣唐使团的准判官，与藤原贞敏等一起赴唐，公元839年随遣唐使团一起回归日本。

无论是中国史书还是日本文献对良岑长松的记载都不多，只知道他因为善于弹琴而得以进入遣唐使团成为准判官。到长安后，因无副使，良岑长松作为大使的得力助手，得以随大使面见唐朝皇帝。

《续日本后纪》载："（承和七年六月）壬戌（十八日），大雨快降。大宰府驰驿奏，遣唐第二舶准判官从六位下良岑朝臣等回大隅国。"

日本《三代实录》对于良岑长松有这样一段记载："任命散位从五位良岑朝臣长松为大和权守。"公元879年（唐僖宗乾符六年，日本阳成天皇元庆三年）十一月十日良岑长松亡故。关于他的一生有如下记载："散位从四位上良岑朝臣长松卒。长松者，大纳言赠从二位安世之子也。承和之初为任常陆权大掾，俄迁为伊豫掾，兼为遣唐使准判官。聘礼既讫，归舶解缆，遭风飘堕南海贼地，殆致殒命，仅以得还。同七年授从五位下，数年拜侍从，寻加从五位上，迁丹波介，后进正五位下，俄而迁缝殿头，遂至从四位下，未几加从四位上，迁宫内大辅，累迁诸陵头，武藏、大和、河内、山城等国守。长松无他才能，以善弹琴，配聘唐使，卒时六十六。"通过这段文字，我们能大致地了解到良岑长松的生平。

吹笛名家——良枝清上

良枝清上（生卒年月不详），日本清和朝吹笛名家，本姓大户首，河内国人，公元838年（唐文宗开成三年，日本仁明天皇承和五年）随仁明朝遣唐使团赴唐，任音声长。

《续日本后纪》载，仁明天皇承和元年（834）正月二十日，"主上内宴于仁寿殿，内教坊奏乐，中贵陪观。殊唤五位已上词客两三人并内使等，同赋早春花月之题。是夕，敕授（外）正六位上大户首清上外从五位下。清上能吹横笛，故钟此恩奖。"同年十二月十九日，"散位外从五位下大户首清上，雅乐笙师正六位上同姓朝臣生等十三人，赐姓良枝宿祢，安倍氏之枝别也"。

日本《三代实录》在记述良枝清上弟子大田麻吕亡故条中，附有良枝清上的情况。日本清和天皇贞观七年（865）十月二十六日，"雅乐权大允外从五位下和祢（部）宿祢大田麻吕卒。大田麻吕者，右京人也。吹笛出身，备于伶官，始师事雅乐权少属外从五位下良枝宿祢清上，受学吹笛。清上特善吹笛，音律调弄皆穷其妙。见大田麻吕有骨气可学习，因加意而教之。承和之初，清上从聘唐使，入于大唐，归朝之日，舶遭逆风，飘堕南海贼地，为贼所杀。本姓大户守，河内国人也。大田麻吕能受其道，莫不精究。天长初，任雅乐百济笛师，寻转唐横笛师，数年为雅乐少属，俄转大属。齐衡三年除权大允。贞观三年正月二十一日授外从五位下，是日内宴也。大田麻吕伎术出群，故加殊奖。大田麻吕，本性和祢部，后赐宿祢。卒时年六十八。"

笛师良枝清上因吹出的笛声其妙无穷，因而获天皇赐姓，并在遣唐使团中担任音声长。他还创作了《海清乐》等乐曲。但令人遗憾的是，他在归国途中遭难，为海盗所杀。

乐舞大家、日本笛的鼻祖——尾张滨主

尾张滨主（732—?），公元 732 年（唐玄宗开元二十年，日本圣武天皇天平四年）出生于热田神宫的一个世袭神职家庭，是日本平安初期的乐舞大家，被称为"日本笛的鼻祖"，与大户清上一起对平安朝雅乐做出了重大贡献。

公元 838 年（唐文宗开成三年，日本仁明天皇承和五年），尾张滨主曾跟随第十八次遣唐使团入唐，学习舞与笛，承和年间回国。曾遵照孝谦天皇敕令，根据乐舞《兰陵王》的有关记录进行改作，把沙陀调变为"安摩乱声"。据日本《舞乐图说》记载："仁明帝亦善音律，遣伶官尾张滨主入唐，探求乐曲的奥妙，归来后更趋微妙，上下皆学。清和、光孝、醍醐、村上历朝愈益盛行。"

尾张滨主在天皇面前有过多次出色的表演。承和年间（834—848）的大尝会之际，尾张滨主曾跳《河南浦》《应殿乐》《拾翠乐》之舞。据《续日本后纪》记载，承和十二年（845）正月八日，"是日，外从五位下尾张滨主于龙尾道上，舞和风长寿乐，观者以千数。初谓，鲐背之年，不能起居，及于垂袖赴曲，宛如少年，四座金日，近代未有如此者。滨主本是伶人也，时年一百十三，自作此舞，上表请舞长寿乐……"。同月十日，"丁巳，天皇召尾张滨主于清凉殿前，令舞长寿乐，舞毕，滨主即奏和歌……天皇赞叹，左右垂泪，赐御衣一袭，令罢退"。承和十三年（846）正月二十六日，"戊辰，召外从五位下尾张滨主于清凉殿前，令奏舞，于时一百十四，帝矜其高年，授从五位下"。照此推算，公元 838 年，尾张滨主随遣唐使团入唐时，当为 106 岁高龄的老者。

《五重记》是尾张滨主五十岁时所著的书，书中论述了音乐修业的五个阶段，这是日本至今保存最早的音乐著作之一。日本《群书类丛》卷三四一中载有《五重十操记》，由"五重序"与"五重者"两部分组成。关于音乐修业的进度，书中用毛、皮、肉、骨、髓五个阶段来加以解说，全文六百二十字。《十操记》为南宫贞保亲王的著作，由"亲王记""十操""十操重注""音乐七体"四部分组成。书中记述了演奏音乐的四苦八难、七体（大曲、中曲、小曲、中弦、喘吷、曳累、连词）、三差（中大曲、中小曲、中吷），通过图解论述了十操的曲态与奏法等。

日本歌舞伎大师坂田藤十郎表演的日本古典舞蹈

僧侣乐者——永忠

永忠（742？—816）是日本光仁朝和恒武朝时期的著名僧侣，于公元 777 年（唐代宗大历十二年，日本光仁天皇宝龟八年）随第十五次遣唐使团赴唐，公元 805 年（唐顺宗永贞元年，日本桓武天皇延历二十四年），随第十七次遣唐使团归国。在唐滞留约二十八年，是历次遣唐使团中在唐滞留时间较长的人之一。据《日本后纪·元亨释书》载："（永忠）涉猎经论，解音律，善摄威仪，斋戒无缺，任大僧都，住近江梵释寺。弘仁六年嵯峨天皇到该寺时，煮茶奉上。次年殁，年七十四岁。遗表献上从唐带回的《律吕旋宫图》《日月图》各二卷，律管十二枚，埙二枚。"

《律吕旋宫图》是中国古代表示宫调关系的图表。《礼记·礼运》载有"五声、六律、十二管旋相为宫"，即以十二律顺为宫音（主音），构成各调的五声音阶与其他音阶。现存最初的旋宫图载于唐武后时代的《乐书要录》。日本元正朝遣唐使团的吉备真备曾把《乐书要录》带回日本，其是最早传入日本的中国汉文音乐典籍。至于永忠传入日本的《律吕旋宫图》与《乐书要录》究竟是怎样一种关系，由于没有保留永忠所传《律吕旋宫图》实物，对此还不能做出确切的说明，只能推测为同时代大体相近的东西。十二枚律管则是继吉备真备之后传入日本的调律用律管（又称调子笛），对当时正处于确立时期的日本乐律理论与音乐实践具有重要意义。埙这种陶制的吹奏乐器，早在秦汉时期就已传入日本，此次永忠带回的埙，应是唐代经过改良后的埙。

使团中的围棋使者

在日本的两部古书《江谈抄——吉备入唐轶事》和《阿倍仲麻吕入唐记》中，记载着吉备真备在唐朝下棋，弈惊长安的故事。

唐玄宗对吉备真备的宠爱引起了一些在朝官员的嫉妒，他们就想捉弄一下吉备真备，同时也想考验一下他的才能。他们经常会给吉备真备出一些难题，吉备真备都是应对得当，但还有人不死心，决定与他来一场围棋之战。吉备真备使用了围棋的攻占、退守、虚实、劫杀之招，沉着应对，与唐朝棋手杀得难解难分。

可是棋过中盘，吉备真备逐渐转向劣势。他知道自己这样下去最终会输掉全局，就主动放下棋子请和。唐朝棋手对吉备真备的棋艺也很佩服，于是两人握手言和。

虽然吉备真备没有战胜唐朝第一棋手，但是他高超的棋艺逐渐传播开来，轰动了整个长安城。据说，吉备真备认为围棋是一种集娱乐性与思维性于一体的活动，在回国时他把围棋带回了日本。现在日本围棋的繁荣局面与当年吉备真备的传播是分不开的。吉备真备被誉为日本围棋的始祖。

另据日本文献《怀风藻》所载，辨正（又名弁正）法师公元702年（武周长安二年，日本文武天皇大宝二年）以学问僧身份随第八次遣唐使入唐时，即以高超的围棋技艺多次获得唐朝皇帝的赏赐。台北"故宫博物院"收藏的《明皇会棋图》中与唐玄宗对弈的就是日本入唐学问僧辨正。辨正是围棋名手，当唐玄宗还是皇太子的时候就常常同他下棋。

日本《三代实录》亦记载，伴宿祢少胜雄正是以围棋高手而被选入遣唐使团，于公元804年（唐德宗贞元二十年，日本桓武天皇延历二十三年）随第十七次遣唐使入唐。又据唐朝进士苏鹗所著的《杜阳杂编》记载，唐宣宗大中年间（847－859）曾有日本王子（有学者认为是日本真如法亲王）入唐，以围棋名手闻于唐廷。唐宣宗即命当时唐朝第一号围棋高手顾师言与日本王子对弈。初时顾师言自恃艺高，轻视王子，不以为意，疏率周旋。不料王子意外强劲，下至三十三子还不分胜负。此时顾师言因君命不可辱，深感危惧，不觉手汗如湿，乃凝思良久，始有所得，毅然下一绝子，谓之镇神头，两征之势遂为之解。王子瞠目缩臂，俯首服输，并向在旁观弈的鸿胪寺官员询问，顾师言为唐朝第几高手。官员回答说，第三。于是日本王子要求与唐朝第一高手对弈。鸿胪寺官员说："王子若胜了第三，才可与第二高手对弈；胜了第二，则可与第一高手决战。否则一跃即与第一高手对弈，非礼也。"这显然是隐瞒了顾师言是大唐第一高手的真相，以诳王子而保全颜面之计。于是，日本王子伏身棋盘而感叹说："小国第一名手，诚不及大国第三名手也。"《杜阳杂编》出自唐人之手，当有事实为据才能成书，因此，这条记载应为可信。

日本王子与顾师言对弈之时，所携带的棋盘名曰"楸玉局"，棋子称为冷暖玉棋子。据说这种棋子产自日本以东三万里的集真岛凝霞台，黑白天然自分，冬暖夏凉，故以冷暖玉为名。该地又产楸玉类的楸木，磨之制成楸玉局。集真岛位于日本九州方向，冷暖玉是以白螺壳和照石制成。

日本《朝日新闻》记者田村孝雄在《细说围棋》一书中说，输给顾师言的是日本围棋名手伴宿祢少胜雄。伴宿祢少胜雄回国后，心中一直闷闷不乐，常自言，我伴宿祢少胜雄乃日本国手，竟不敌唐国第三手。公元838年（唐文宗开成三年，日本仁明天皇承和五年），伴宿祢少胜雄的外甥伴须贺雄随第十八次遣唐使团入唐。伴须贺雄回归日本时交给舅舅一封信，信是伴宿祢少胜雄在长安的棋友陈李舟写的。信中说，吾兄昔日负于顾师言，其人乃大唐第一国手也。伴宿祢少胜雄拍案大叫，吐了一口血，病也好了。

据日本学者渡部义通在《古代围棋逍遥》一文中考证："日本王子可能是高岳亲王（平城天皇之子）。高岳亲王于仁明朝承和二年（835）入唐，于阳成朝元庆四年（880）归国途中殁，在唐前后共四十五年。"

这位来唐的日本王子是围棋国手伴宿祢少胜雄的外甥即高岳亲王，这是日本遣唐使时代独特的一笔，也是中日交流史上的一段佳话。

在《吉备大臣入唐记绘词》画卷中，有吉备真备和唐朝官吏下棋的画面

台北"故宫博物院"收藏的《明皇会棋图》（五代周文矩绘）

与唐玄宗对弈的是日本入唐学问僧辨正。辨正后还俗结婚，生下秦朝庆、秦朝元二子。秦朝元十二岁时随遣唐使回到日本，受到日本朝廷的优待，十余年后作为遣唐使判官又到长安，唐玄宗特予接见；秦朝元与日本第一豪门藤原氏联姻，官至图书头、主计头，孙子藤原种继是桓武天皇的亲信。

画像中的遣唐使形象

最古老的倭人像

倘若巨细无遗地稽考庞大的中国史料，很有可能沉溺于文字海洋而不能自拔，但若限定于图像资料的话，事情就要简单多了。目前所能见到的最古老的倭人画像资料，便是《职贡图》。

这幅《职贡图》中所描绘的日本人像，无疑算得上是现存最古老的日本人肖像画。此画虽属十一世纪后半期的摹本，但所据原本作于六世纪前半期，距今约有一千五百年。

公元六世纪时，日本列岛尚处于以巨大古坟为标志的大和时代，恰巧处于与"倭五王"频繁向中国南朝（即《日本书纪》中出现的"吴"）派遣使节相重合的时代。那时，梁元帝的太子萧绎任荆州刺史，传说亲自挥墨画了这幅《职贡图》，描绘前来梁朝进贡的三十五个国家使节的形象。如今南京博物院所藏的是北宋熙宁十年（1077）的临摹本，只留下了倭国、百济等十三国使节的画像。在这幅画卷中，倭国人与百济人绘法不同，所以形象迥异。日本历史学家上田正昭对两者进行了比较，颇带感叹地陈述道："百济使头戴顶冠，身着礼服，足履布靴。与之相对，倭国使以布罩头，以宽布为上衣，腰间缠布，手背套加腿绑带，赤脚合掌而立。甚至脖子上也缠着环状的布，这样的姿态风貌实在不怎么美观。"

《职贡图》（局部），南朝梁萧绎绘，左起依次为百济国使、波斯国使、倭国使

当时的上田正昭尚是血气方刚的中青年，他以装束华丽的百济使为镜，映照出倭国使的陋态——只用布层层叠叠裹身，犹如简陋针线缝补的布偶，心里必不是滋味，并且以古代的倭国使为镜，来反观当下的自己，情感起伏可以想象。

如果仔细观赏品味这幅《职贡图》的话，不能不惊叹这本是一幅极富动感的写实作品，人物神态栩栩如生，衣物景象惟妙惟肖。即便画手萧绎是帝王之胄，但仅凭《魏志·倭人传》里寥寥几句文字描述，就能绘制出如此精美逼真的倭人肖像，实在是一件不易之事。

第八次遣唐执节使粟田真人画像

第八次遣唐使团中任执节使的是粟田真人。"执节使"是指拥有天皇授予的象征国威的"节"的人，是使团中的最高负责人，其地位犹在大使之上。在遣唐使中，粟田真人的名字频繁出现在中国史料文献中。

第八次遣唐使一行在第七次遣唐使三十余年后入唐，肩负着向国际社会宣扬大化改新后日本新貌的重任。遣唐使团于日本文武天皇大宝二年（702）六月从筑紫出发，同年十月前后在扬州偏北的楚州盐城县登陆。当地人得知他们是日本使节，从使节的"风貌"角度观之，感叹其"真不愧来自君子之国"。遣唐使与当地人的交谈，被较为完整地收入《续日本纪》庆云元年（704）秋七月甲申朔条。唐人原话如下："亟闻海东有大倭国，谓之君子国，人民丰乐，礼义敦行。今看使人，仪容大净，岂不信乎？"

上述引文虽然出自遣唐使的归国报告，行文或有粉饰虚夸之处，大体上还是可以被认定为事实如此。之所以这么说，是因为在中国的文献中，也可以找到与之相互印证的记载。

《旧唐书·东夷传·倭国》内有一段详细描写粟田真人装束的记载："冠进德冠，其顶为花，分而四散。身服紫袍，以帛为腰带。"紧跟这段文字之后，论其学问和容貌时又赞美道："好读经史，解属文，容止温雅。"

除此之外，《新唐书》《通典》《唐会要》等一些重要史书中都有类似内容的记载，只是在用词上有些差异。总之，当时粟田真人给武则天留下了深刻的印象，据传武后不仅邀请他赴麟德殿的盛宴，还赐予他一个"司膳卿"的名誉官衔。

1971年7月，陕西省乾县唐章怀太子李贤墓墓道内发现彩色壁画，其中东壁所绘的被命名为《礼宾图》（或称《客使图》）。《礼宾图》左边三人应该是唐朝鸿胪寺官员，右边三人则是外国的朝贡使节。引发争议的人物是右起第二个人。当初发掘壁画时，中国一些考古学家根据其高耸的帽子，认定此人系《旧唐书》所载头戴"进德冠"的粟田真人。

唐章怀太子墓墓道内壁画《礼宾图》

日本江户时代末期至明治时代初期画家菊池容斋的《先贤故实 古代人物画像集成》中的粟田真人画像

何谓"进德冠"？仔细查阅文献资料发现，进德冠是中国继承天子皇位的太子所戴的专用帽子，不允许一般人随便使用。但是，章怀太子墓壁画中，引发的争议人物并没有头戴中国式的冠帽，他头顶上的两根羽毛倒成了认定他是粟田真人的障碍了。在头顶插上两根羽毛是高丽贵族的风俗，现在几乎再也没有人认为那人是日本遣唐大使了。

第二次遣唐大使吉士长丹画像

公元 653 年（唐高宗永徽四年，日本孝德天皇白雉四年），日本任命第二次遣唐使官员，以吉士长丹为大使、吉士驹为副使的第一船乘坐一百二十一人，以高田根麻吕为大使、扫守小麻吕为副使的第二船搭乘一百二十人。第二船在海上遇难，仅五人生还。第一船到达唐境，日本白雉五年（654）七月随百济、新罗送使而回归日本。这位幸运的遣唐大使吉士长丹，不仅衣冠华丽，而且相貌堂堂。

这幅肖像画的原本自古就保存在近江国（今滋贺县一带）蒲生郡中村的吴神社，并被流传下来。目前有好几种临摹本传世，其中一幅归日本东京国立博物馆所有。据日本遣唐使研究权威东野治之教授评述，这幅肖像画仿佛带有一种儒教圣贤像的风貌，这的确是颇得要领的高见。

根据《日本书纪》记载，吉士长丹入唐拜谒唐高宗皇帝，"多得文书宝物"而归，天皇论功行赏，赐予其"吴"姓，其并得封地晋级，可谓三喜临门。吉士长丹如同藤原清河他们一样，将唐朝宫廷画家为自己作的肖像

《吉士长丹肖像》（临摹）

现藏于日本东京国立博物馆，疑出自唐朝宫廷画师之手。

画的副本带回了日本。或许是他本人、他的子孙，或许是与其相关的人士，将这幅画奉纳给了与吉士长丹有因缘的吴神社。

长安寺院——学问僧拜师求法

　　唐长安城不仅是唐代政治、经济、文化中心，而且也是佛教中心。据韦述《两京新记》截至唐玄宗开元年间的初步统计，唐长安城中有僧寺六十四，尼寺二十七，道士观十，女观六，波斯寺二，胡王祠四。其数量之多和规模之大，都是全国首屈一指的。唐代佛教各宗的僧人都在这里活跃着，他们翻译经典，建造寺院，雕塑佛像，绘制壁画，接待外国僧人，进行各种宗教活动。唐代佛教各宗的祖庭多在长安城及其周围一带，如三论宗的祖庭是草堂寺，法相宗（又称慈恩宗）的祖庭是大慈恩寺，密宗（又称真言宗）的祖庭是兴善寺，律宗（又称南山宗）的祖庭为净业寺，华严宗的祖庭为华严寺，净土宗（又称莲宗）的祖庭为香积寺。这些寺院都与日本奈良、平安时代的佛教有着密切的联系。

长安寺院拜师求法

据日本学者木宫泰彦先生考证，遣唐学问僧共为一百一十六人，其中有八人因各种原因未踏上唐土，有十三人是在高丽或新罗留学，有五人是学问僧的行者，所以真正的遣唐学问僧是九十人。他们留唐时间从五六年、十多年到三十年不等。对于日本朝廷来说，派遣学问僧是一件重大且郑重之事。由于学问僧肩负着把唐朝文明输往日本的重任，所以选定的人员必须具备渊博的佛教知识，并有一定威望，还必须有良好的举止、仪态。遣唐人选必定是万里挑一。学问僧的费用由日本朝廷赐予。据《延喜式》卷三十记载，赐予学问僧"绝四十匹，绵一百屯，布八十端"，还学僧（随船去，随船回，在长安做短暂学习）"绝二十匹，绵二十屯，布四十端"。唐朝廷对日本学问僧也给予多种照顾和优待，如每年给学问僧绢十五匹、四季衣服和食粮。学问僧到达长安后，在西明、醴泉、慈恩、兴善、青龙、福寿、荐福、龙兴、镇国等寺院和惠日道场学习，其生活的费用，均由信徒施与。学问僧去唐朝各地投拜高僧名师时，还被允许按照自己的愿望在各州寺院求食住宿。学问僧作为遣唐使团中的特殊群体，其首要目的是研习佛法，其次是致力于佛教典籍的搜集，最终目的是创建富有日本特色的佛教宗派。

在公元 653 年（唐高宗永徽四年，日本孝德天皇白雉四年）第二次遣唐使团中，就有多名学问僧。如有道昭、定慧、道严、道通、道光、惠施、辨正、觉胜、惠照、僧忍、知聪、安达、道观、知辨、义德、惠妙、智国、义通、妙位、法胜、道福、义向等人。

道昭于公元 653 年（唐高宗永徽四年，日本孝德天皇白雉四年）入唐，公元 661 年（唐高宗龙朔元年，日本天智天皇元年）归国，曾在长安师从玄奘学习法相宗，后奉师命修禅。回到日本时，由于携回经论甚多，故将经卷置于平城京右京禅院，他是日本法相宗的开山祖。后来他周游全国，做了许多打井造桥的公益事业。日本文武天皇四年（700）圆寂，在栗原火葬。火葬在日本也是从道昭开始的。

定慧于公元 653 年（唐高宗永徽四年，日本孝德天皇白雉四年）入唐，公元 667 年（唐高宗乾封二年，日本天智天皇六年）归国。定慧是日本大名鼎鼎的中臣镰足的长子。中臣镰足对大化改新起到了极其重要的作用。定慧入唐后到长安惠日道场求法，师从僧神泰，回到日本后开创大和多武峰一派。

道严、道通，名见于《日本书纪》，但无详细事迹。道光，入唐学习律宗后回到日本，著有《四分律抄撰录文》一卷。惠施，于《日本书纪》《续日本纪》中均见其名，日本文武天皇二年（698）被天皇任命为僧正。辨正，日本文献《怀风藻》中称弁正，在唐长安城谒见唐玄宗，以善围棋而受到唐玄宗的赏识，后客死于大唐。在日本的汉诗集《怀风藻》中保存着辨正所作的《在唐忆本乡》一诗："日边瞻日本，云里望云端。远游劳远国，长恨苦长安。"这首诗流露出作者对祖国乡土的怀念之情。

觉胜，《日本书纪》中记载，其客死于大唐。惠照、僧忍，仅以佛界法号见于《日本书纪》。知聪，《日本书纪》仅载其殁于海上。安达，《日本书纪》中称其为中臣渠每连之子，无详细事迹。道观，《日本书纪》中称其为春日粟田臣百济之子，详细事迹不可考。知辨、义德，仅以佛界法号见于《日本书纪》中。惠妙、智国，以佛界法号见于《日本书纪》，殁于大唐。义通，《日本书纪》中记载其溺死于海上。妙位、法胜，仅以佛界法号见于《日本书纪》。道福、义向，据《日本书纪》记载，二人赴唐途中在萨摩国萨麻郡海上因船破而身亡。

公元659年（唐高宗显庆四年，日本齐明天皇五年），智通、智达随第四次遣唐使团入唐，在唐长安就学于玄奘。智通从玄奘学无性众生义，为日本法相宗第二传，在大和建观音寺，并于日本天武天皇元年（673）任僧正。

道慈于公元702年（武周长安二年，日本文武天皇大宝二年）随第八次遣唐使粟田真人入唐，在长安学习三论宗、法相宗及密教，谒名师善无畏，日本养老二年（718）归国，在唐十六年。他回到日本后，成为日本三论宗的第三代祖师，和神睿并称为"释门秀者"。道慈著有《愚志》一卷，论僧尼事。道慈归国后，按照他在唐长安城所描绘的西明寺图，在天平元年（729）曾参与迁移大安寺的工程。据《续日本纪》卷十五圣武天皇天平十六年十月辛卯条记载："迁造大安寺于平城，敕法师（道慈）勾当其事，法师尤妙工巧，构作形制皆察其规模，所有匠手，莫不叹服焉。"这足见其用心精巧，技术高超。道慈还将义净在唐长安最新译出的《金光明最胜王经》传入日本，并根据《金光明最胜王经·四天王护国品》，在日本各地建立了国分寺。日本的国分寺和国分尼寺是仿照唐朝的大云寺、龙兴寺、开元寺

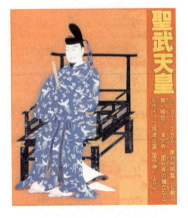

圣武天皇画像

而在各地建立的官寺和各地佛教的主管寺院。国分寺（即金光明四天王护国寺）、国分尼寺（即法华灭罪寺）各置僧二十人、尼十人。在《怀风藻》中收集有道慈作的《在唐奉本国皇太子》诗："三宝持圣德，百灵扶仙寿。寿共日月长，德与天地久。"公元743年（唐玄宗天宝二年，日本圣武天皇天平十五年），圣武天皇仿照武则天在洛阳龙门奉先寺雕凿卢舍那佛，也在东大寺铸造卢舍那佛。据称该金铜佛像高五丈，重五百吨，用工二百多万人次，历时十年。这足见建造者的智慧和创造力。

公元717年（唐玄宗开元五年，日本元正天皇养老元年），学问僧玄昉、理镜随第九次遣唐使团入唐。理镜入唐后，在大唐全境广泛求法，遇到南天竺婆罗门僧菩提仙那，力邀其赴日，终于成功，与其相偕回国。玄昉入唐后，师从智周，学习法相宗，带回经论五千余卷及各种佛像，成为日本法相宗的第四代祖师。

学问僧玄昉画像

公元733年（唐玄宗开元二十一年，日本圣武天皇天平五年），随第十次遣唐使团入唐的有学问僧业行、玄朗、玄法、秦大麻吕等人。据《续日本纪》记载，业行和荣睿共同力邀鉴真东渡。玄朗与玄法，两人原计划与荣睿、普照一同随龙兴寺鉴真东渡，可在做渡海准备时，被怀疑与海盗有关，两人都被打入牢狱，后无罪开释。在长安游学了一段时间之后，他们于公元743年（唐玄宗天宝二年，日本圣武天皇天平十五）与荣睿、普照等分手，自行回国。秦大麻吕，《续日本纪》记载，遣唐使以请益僧秦大麻吕问答六卷献于奈良朝廷,既然是请益僧,必是随从圣武朝遣唐使往返的。

公元752年(唐玄宗天宝十一年,日本孝谦天皇天平胜宝四年),随第十一次遣唐使团入唐的有学问僧荣睿、普照、行贺、戒明、得清、善议等人。荣睿作为学问僧入唐留学,后来见到扬州龙兴寺的鉴真,力邀他东渡日本传播律宗。他与鉴真前后五次东渡不成,备尝艰辛,最终圆寂于唐,对中日文化交流做出了重大贡献。普照和荣睿一同入唐留学,亦欲迎接鉴真到日本,五次渡海失败,至第六次随同鉴真东渡成功。普照回国后,根据他在唐长安城期间所见道路两旁种植柳树的办法,倡议在平城京道路两旁种植果树以绿化城市,并供行人在炎夏时纳凉、充饥。日本天平宝字二年(758),普照奏请奈良朝廷为鉴真修建招提寺。据《日本后纪》《扶桑略记》记载,行贺入唐后,学习唯识宗、法华宗,回日本时带回《圣教要文》五百余卷;删改《法华经疏弘览略》《唯识金议》四十余卷,日本延历十五年(796)受命于桓武天皇,任大僧都。戒明与得清,二人出航时携带圣德太子所著《胜鬘经义疏》及《法华经义疏》入唐,赠给其师扬州龙兴寺的灵祜,又游学于金陵,在志公宅得到十一面观音画像后,回到日本,将画像安置在大安寺南塔院中。日本宝龟十年(780),在南都诸僧中,有《大佛顶经》为伪经之说,戒明力证此说之谬,在归国留学僧中占有一席之地。善议,曾经跟从大安寺道慈学习佛法,入唐后悉心求法,回到日本后行法于大安寺,被称为三论法将,日本弘仁三年(812)圆寂于大安寺,时年八十有四。

公元777年(唐代宗大历十二年,日本光仁天皇宝龟八年),第十五次遣唐使团中有学问僧永忠。永忠在唐求法达二十八年之久，于公元 805 年（唐顺宗永贞元元年，日本桓武天皇延历二十四年）归国。永忠解音律，善摄威仪，在唐期间涉猎经论，斋戒无缺，回国后奉表献上从唐带回的《律吕旋宫图》《日月图》各二卷，律管十二枚，埙二枚，是僧团文学的代表人物之一。后出任大僧都，住近江梵释寺。日本弘仁六年（815），嵯峨天皇到该寺时，煮茶奉上。次年殁，年七十四岁。日本佛教文献《元亨释书》中有其详细事迹。

公元 804 年（唐德宗贞元二十年，日本桓武天皇延历二十三年），第十七次遣唐使团中有学问僧空海、灵仙、圆基、金刚三昧、法道、最澄、义真等人。空海在唐长安青龙寺从惠果学密教。留学生中的橘逸势也十分有名。橘逸势入唐后在唐长安访求名人受业，唐人称其为秀才，他是当时日本著名书法大家，与嵯峨天皇和空海并称为"日本三笔"。灵仙精通梵文，公元 810 年（唐宪宗元和五年，日本嵯峨天皇弘仁元年），和般若三藏等人在长安醴泉寺翻译《大乘心地观经》。后居五台山数年，在灵境寺被毒死，死于唐土。圆基，具体求法事迹不详。但圆珍所著的《行历抄》中记载，唐德宗贞元年间，有日本留学僧圆基，诈称眼疾回国。金刚三昧，原名不可考，先入唐，经唐到天竺，后长期留唐。唐宪宗元和十三年（818），与蜀僧广昇同登峨眉山，事见于唐人段成式所著的《酉阳杂俎》。法道，和空海一同入唐求法，后来到天竺，是天台密教的行者。最澄，先师从道邃，行满学习天台宗，后又到龙兴寺从顺晓学密教。义真，最澄的义子，因精通汉语，作为最澄的翻译入唐，随从侍奉最澄。日本淳和天皇天长九年（832），天皇诏命义真为天台座主，其成为任此职位的日本第一人。

公元 838 年（唐文宗开成三年，日本仁明天皇承和五年），第十八次遣唐使团中学问僧有圆行、常晓、戒明、义澄、真济、真然、圆仁、惟正、惟晓、圆载、仁好、顺昌、仁济、圆觉等。圆行，在唐长安青龙寺从义真学密教。戒明，据《入唐求法巡礼行记》记载，作为仁明朝的请益僧入唐，于

玄奘法师画像

仁明天皇承和六年（839）回到日本。义澄，戒明师弟，同戒明一样，是以遣唐使判官侍从身份进入京城，进入政界。真然与真济是师兄弟，两人在船舶渡海时因船破而未能入唐。圆仁在扬州从宗睿学梵语，又到长安从元政、义真学密教。惟正是圆仁的从僧，惟晓是惟正的师弟，惟晓和惟正一起随圆仁入唐，后客死长安。圆载，最澄弟子，在天台山求得对佛学疑难问题的解答，公元877 年（唐僖宗乾符四年，日本阳成天皇元庆元年），和智聪一同乘唐商人李延孝商船回国，途中因风浪船破而死。仁好，事见于《续日本后纪》。仁好是圆载的弟子，随同圆载入唐，为了回国请求衣粮，作为使者一度回日，并于公元 847 年（唐宣宗大中元年，日本仁明天皇承和十四年）携带日本皇廷赐给圆仁、圆载的黄金再次入唐，后再回国时带回圆载的表状。顺昌，圆载弟子，名字数见于圆仁所著的《入唐求法巡礼行记》中，曾经担任圆载的使者，和仁好一同回日本请求经济支援。仁济，圆载弟子，名字散见于圆仁所著的《入唐求法巡礼行记》中。惠运，在长安青龙寺从义真学密教。圆觉，公元 840 年（唐文宗开成五年，日本仁明天皇承和七年）之后，常驻五台山，后到长安，在圆珍入唐时，

曾经帮助圆珍抄写《圣教绘曼荼罗》等。圆珍在长安从法全学密教。

当时，在唐的外国高僧很多，日本留学僧有时也可在他们那里师从学习，如空海在长安从罽宾国（今克什米尔）僧般若三藏，圆仁在长安从南天竺僧宝月，圆珍从小天竺僧般怛罗学习悉昙学（梵语学）。直接与外国僧人的接触也大大开阔了他们的眼界，并提供了进行文化交流的可能性。

道邃尊者画像

学问僧从师学法不全是无代价的。如圆仁在长安大兴善寺翻经院从元政学密教，同时雇人在那里抄写经典，临摹壁画，便先后给元政送了三十五两黄金。后到唐长安青龙寺义真处求学，一开始就送了绢三匹、钱十贯。又如圆珍在唐长安青龙寺向法全学灌顶法，也以舍财供寺众的形式给了老师报酬。

学问僧和中国的文人也多有往来，如《文苑英华》中就收有唐诗人司空图《赠日东鉴禅师》诗。著名诗人刘禹锡也写有《赠日本僧智藏》诗："浮杯万里过沧溟，遍礼名山适性灵。深夜降龙潭水黑，新秋放鹤野田青。身无彼我那怀土，心会真如不读经。为问中华学道者，几人雄猛得宁馨。"可以从"身无彼我那怀土，心会真如不读经"中感知，诗人与僧人交往甚密，以至于连他的内心深处都把握得了。此外钱起等诗人也都写有赠日本僧人的诗。圆载留唐日久，结交文人更多，和皮日休、陆龟蒙、颜萱等交情都很深。

日本学问僧因勤于学习而扬名唐朝的高僧者大有人在。如公元702年来唐的道慈，一度被选入唐宫廷讲经，颇得好评。留唐学问僧中还有一个学业出众的人，那就是灵仙。他曾在长安醴泉寺与般若三藏等一起翻译《大乘心地观经》，是在长安的学问僧中唯一参与译经事业的人。据《大乘本生心地观经》卷一载，唐宪宗元和五年（810）七月三日内出梵夹，七月二十七日奉诏于长安醴泉寺至六年三月八日翻译进上。

罽宾国三藏赐紫沙门　般若　宣梵文

醴泉寺日本沙门　灵仙　笔受并译语

经行寺沙门　令善　润文

醴泉寺沙门　少诤　回文

济法寺沙门　藏英　润文

福寿寺沙门　烜济　僣义

右街都勾当大德庄严寺沙门　一微　详定

般若三藏是留唐的罽宾国高僧。翻译的方式可能是由他读出梵语经文，而由灵仙用汉文记录下来。灵仙能参加这样的翻译工作，必须精通梵文和汉语，足见其学问渊博、精深，梵语、汉语、佛学学识都是相当高的。

圆仁在提到他时，常称之为"日本国内供奉翻译大德灵仙"，既是"内供奉"，说明他是在唐宫廷中讲过经的。后来，他入五台山灵境寺，并在那里圆寂。有的留学僧因有一技之长而备受优待。如学问僧辨正系围棋高手，曾和唐玄宗对弈过，更兼天性诙谐，善言谈，颇得唐玄宗喜爱。后来他在唐还俗，与唐长安女子结婚，并生有二子。其次子秦朝元回国后，曾任遣唐使判官入唐。辨正能诗，并与晁衡多有交往。《怀风藻》中收有他写的诗，诗中抒发了他对故国的思念之情。

也有些留唐学问僧，在玄奘事迹的鼓舞下，万里投荒前往天竺求法。如金刚三昧曾去过东天竺，回唐后又与蜀僧广昇同登峨眉山。又如高岳亲王也踏上了去天竺的路途。高岳亲王又称真如法亲王，原是阳成天皇的兄长，并被立为皇太子，后来在宫廷斗法中被废。他以"真如"为法号，出家为僧，成为"法亲王"，曾受教于空海等日本高僧。公元862年（唐懿宗咸通三年，日本清和天皇贞观四年），六十三岁的真如法亲王和他的众多从僧乘唐商船于九月初到达明州。公元864年（唐懿宗咸通五年，日本清和天皇贞观六年），法亲王先后到达洛阳、长安，受到圆载等日本学问僧的欢迎。唐朝皇帝特命唐长安青龙寺高僧法全负责解答他的问题，据说双方探讨七个月之久，法全也未能全部解答完法亲王的问题。于是，法亲王决定亲往天竺求法。他来唐时浩浩荡荡六十余人随从，这时候只剩孑然一身了。公元865年（唐懿宗咸通六年，日本清和天皇贞观七年）二月，他自广州出发后音讯断绝。后来，传说他死于取经途中罗越国（今新加坡，一说是今老挝）。

当时在留唐日僧中，朝拜五台山和天台山的风气极盛。五台山，也叫清凉山，北魏时开始兴建寺院，唐代达于极盛。在华严宗的立宗经典《华严经》第三十二《诸菩萨住处品》中有一段文字："东北方有菩萨住处，名清凉山，过去诸菩萨常于中住。彼现有菩萨，名文殊师利。有一万菩萨眷属，常为说法。"于是随着华严宗的兴盛，五台山被说成文殊师利菩萨显灵说法的道场。一位留唐的北天竺僧的言论更使五台山笼罩了神圣的灵光。这位天竺僧人叫佛陀波利。据说，他在唐高宗仪凤元年（676）朝拜五台山时，遇见了由文殊师利菩萨化身的老者。遵照菩萨的教导，他再返天竺，并带来尊胜陀罗尼，在长安翻译传布。此后，他重入五台山并终老于此。五台山由此而名气大振，成为佛教灵山。国际上狮子国（今斯里兰卡）、罽宾国、天竺国的僧人也都前来朝拜。日本留学僧中第一个来到五台山的是曾在长安参加译经事业的灵仙。后来，圆仁及其从僧惟正、惟晓，以及圆觉、惠运、惠尊、宗睿等都曾来此朝拜。

不仅仅是留学僧，就是日本的高级贵族对此山也多心向往之，竞相施舍。公元844年（唐武宗会昌四年，日本仁明天皇承和十一年），桔皇后让留学僧惠萼把她的宝幡和镜奁等物布施给五台山。公元877年（唐僖宗乾符四年，日本阳成天皇元庆元年），僧济诠入唐时，上自天皇，下至公卿，一个个乐善好施，拿出大量黄金托他施给五台山，以充文殊菩萨的供养费用。但是，济诠未能登临五台，他在渡海途中就被海盗所杀，而招致杀身的原因是不言自明的。

学问僧竞相巡礼朝拜的另一个圣地是天台山。南朝智颛入居此山，创立天台宗。隋文帝开皇十八年（598）在此建寺，隋炀帝大业元年（605）赐名国清寺。天台宗以《法华经》为主要教义根据，以国清寺为根本道场。天台山接近当时中日交通的门户明州，日本留学僧荣睿、普照曾跟随鉴真朝拜过此山圣迹。随着鉴真东渡，天台山广为日本僧俗人士所知。尤其是在最澄公元804年至805年朝拜天台山之后，日本学问僧中出现了对天台山的"朝拜热"。平安朝，天台学问僧中未去过天台山的只有圆仁一人。日本的上层社会，像崇敬五台山一样，也崇敬天台山。日本的桔皇后，承和五年（838）曾托入唐留学僧圆载携带袈裟，供奉在天台宗的实际创始人智颉肖像前。日本承和十一年（844），她又特派惠萼入唐，想把亲手缝制的绣文袈裟施给天台山僧众。日本贞观四年（862），留学僧宗睿作为真如法亲王的从僧入唐时，受日本朝廷之命，前往天台山大华严寺举办了千僧供养。日本对天台山与五台山的崇拜，对日本山岳佛都的兴起有着巨大影响。奈良时代，佛寺多建于城市。而平安时代，佛教界人士开始模仿天台山和五台山，向幽静的深山移动，如空海就在高野山、最澄在比睿山修建寺院。

唐长安青龙寺复原建筑

唐长安青龙寺唐代遗物——石灯柱

五位获大师称号的学问僧

在为人所知的九十多名留唐学问僧中，有几位在日本佛教史或在中日文化交流史上影响较大。

传教大师——最澄

最澄（767—822），近江国滋贺郡（今日本本州岛中部的滋贺县）人。其祖先是后汉孝献帝后裔。最澄十三岁时便随近江大安寺高僧行表出家，十五岁剃度，十九岁受具足戒。他先学习法相唯识章疏，后读唐华严宗创始人法藏所撰《大乘起信论义记》《华严五教章》等抄本，对书中所引天台宗教义产生了兴趣，便通过别人的帮助，借抄当年由鉴真大师带来的《摩诃止观》《法华玄义》《法华文句》《四教义》等经卷，精心研读。日本桓武天皇延历元年（782），最澄在日本京都东北的比睿山结庵修行并进行传教活动。日本延历七年（788），最澄自刻药师如来尊师像，并营建佛殿安置，此即日本天台宗的根本中堂，后来日本人称此佛殿为"一乘止观堂"。日本延历十三年（794）最澄在比睿山举行盛大法会，延请日本北部十大高僧宣讲法华十讲。日本延历十六年（797），桓武天皇召请他参与"内供养"之列，并敕"以近江正税，充山供费"。从此，最澄得到天皇的重视与支持。从延历十七年（798）开始，最澄每年十一月都要在比睿山宣讲《法华经》一次。延历二十年（801），最澄邀请奈良旧佛教宗派中的十位高僧来比睿山参加由他宣讲的天台宗三大部的法会。此后，在信徒的支持下，日本比睿山"一乘止观院"也就成为最澄传播天台宗的中心。延历二十一年（802）国子祭酒、吏部侍郎和气弘世与其弟和气真纲请最澄及奈良十位高僧到京都北边的高雄山寺宣讲天台三大部。这样，最澄所弘扬的天台宗教观在日本佛教界便有了一定的地位。后来，桓武天皇召问国子祭酒和气弘世关于最澄的弘法情景，和气弘世向天皇一一禀

桓武天皇画像

告，天皇很是高兴。最澄也借此机会上书天皇要求入唐求法。天皇准奏，派最澄以"天台法华还学僧"的身份入唐求法，并允许他带弟子义真（后为日本天台宗第一代座主）担任翻译。

公元804年（唐德宗贞元二十年，日本桓武天皇延历二十三年），三十七岁的最澄带着他的随从兼翻译义真，随日本第十七次遣唐使藤原葛野麻吕的使船入唐。当年九月二十六日到达台州，向台州刺史陆淳献上黄金与珍宝，陆淳对所赠之物婉言辞谢，热情接待最澄一行，安排最澄一行在天台山学法。最澄卖金买纸，抄写天台教典，学习非常刻苦。他先跟从天台山修禅寺天台宗第十祖道邃学习天台教义和《摩诃止观》等教典，又跟从天台山佛陇寺行满大师学习《止观释签》《法华》《涅槃》诸经疏，并从天台山禅林寺修然大师受牛头禅，至越州（今浙江绍兴）龙兴寺从顺晓大师受密宗灌顶。

在唐游学八个月后，最澄携带着求来的数百卷经卷，计划于唐顺宗永贞元年（805）四月，乘第十七次遣唐使船回国。当时，台州刺史陆淳、台州司马吴颛、临海县令毛涣、天台座主行满等十人均赋诗赠别。诗题是《送最澄上人还日本国》。吴颛诗云：

重译越沧溟，来求观行经。问乡朝指日，寻路夜看星。

得法心念喜，乘杯体自宁。扶桑一念到，风水岂劳形？

此外，台州刺史陆淳还亲自为其写"文证"。其词曰：

最澄阇梨，形虽异域，性实同源，特禀生知，触类玄解。远传天台教旨，又遇龙象邃公，总万行于一心，了殊途于三观，亲承秘密，理绝名言。犹虑他方学徒未能信受，所请印记，安可不以为凭。

行满大师为最澄写"印信"：

日本国求法供奉大德最澄法师，云：亲辞圣泽，面奉春宫。求妙法于天台，学一心于银地。不惮劳苦，远涉沧波，忽夕朝闻，忘身为法。睹此盛事，亦何异求半偈于雪山，访道场于知识。且行满倾以法财，舍以法宝，百金之寄，其在兹乎！愿得大师以本愿力，慈光远照，早达乡关，弘我教门，报我严训，生生世世，佛种不断，法门眷属，向一国土，成就菩提，龙华三会，共登初首。

道邃大师为最澄写"付法文"：

昔智者大师，隋开皇十七年仲冬廿四日平旦，告诸弟子曰：吾灭度后二百余岁，生于东国，兴隆佛法，若有感应，先呈瑞灵。则一法轮投空，倏忽而入空。举众虽慕仰，终不知所届。而今圣语有征，遇最澄三藏，不是如来使，岂有堪艰辛乎？然则开宗示奥，以法传心，化隔沧海，相见杳然，共持佛慧，同会龙华。

日本桓武天皇延历二十四年（805）五月，最澄、义真乘遣唐使船回到日本，向天皇上表复命，把带回的经书章疏等二百三十部四百六十卷及图像、法器等献给天皇。天皇大悦，当即敕命最澄为南部道证，修圆等八位高僧讲授天台宗法门。最澄又在高雄山寺首设密教灌顶坛，为八位高僧灌顶。这是日本佛教灌顶之始，极得天皇的赏识。次年初，最澄上表朝廷，请求准予各宗每年度僧出家时，天台宗也和其他宗派一样，准度出家二人。天皇下诏强调：度僧应重义理和戒律，天台宗所度二人，一人读《大毗卢遮那经》（密教《大日经》），一人读《摩诃止观》。从此，日本天台宗在佛教各宗派外正式得到独立。最澄创立的日本天台宗是把天台宗与密教合二为一，但天台宗遭到了日本佛教旧教派的非难，因为日本佛教界把持统治权的奈良僧纲主张小乘戒律，反对天台宗和大乘戒律，因而最澄撰写《显戒论》《内证佛法血络谱》等论著对旧教派予以驳斥。最澄的著作还有《山家学生式》《守护国界章》《法华秀句》等，后世辑有《传教大师全集》问世。日本弘仁十三年（822）六月四日，最澄大师圆寂于比睿山中道院，享年五十六岁。日本嵯峨天皇与最澄感情极为深厚，最澄由唐回国时天皇很是高兴，曾写《和澄上人韵》以示庆贺。最澄在病重期间，天皇也表示关怀，作《和澄公卧病述怀之作》以示慰问。当天皇得知最澄圆寂的消息时更是悲痛至极，提笔写下了《哭最澄上人》以示哀悼。最澄圆寂七日后，嵯峨天皇批准在比睿山建立天台宗大乘戒坛，并下诏改比睿山寺为延寿寺（又称延历寺）。公元866年，清和天皇追赐最澄"传教大师"谥号。这是日本有"大师"称号之始。

日本天台宗延历寺第二百五十三代座主山田惠谛，为寻访祖庭，于1975年率日本天台宗访华团访问了天台山国清寺。为了追念中日天台宗祖师的功绩，中日双方商定由日方出资在国清寺大雄宝殿后东侧兴建一座祖师碑亭。碑亭内竖智者（居中）、行满（居左）、最澄（居右）三座丰碑，以作为中国天台山和日本比睿山的永恒纪念。1982年10月18日，由一百四十六人组成的日本天台宗祖师碑访华团，在山田惠谛座主的率领下，来中国天台山国清寺参加祖师碑揭幕仪式和报恩法会。在报恩法会上山田惠谛长老说："……没有天台宗智者大师，就没有日本的天台宗，也就没有后来的日本佛教各寺派的兴起。"

中国佛教协会会长赵朴初为"最澄大师天台得法灵迹碑"作偈赞曰：

佛法东渐　大道弘开　宗派之始　厥惟天台

北齐慧文　初启其绪　南岳慧思　实奠其基

集大成者　智者大师　台宗建立　法华是依

三观妙谛　不离一心　五时八教　楷定古今

道邃行满　禀教湛然　最澄从学　国清修禅

开宗比睿　奕叶相传　云仍后学　不忘前缘

禹甸日域　风月同天　两邦缟素　乘大愿船

勒斯贞石　垂示后贤　永持友好　亿万斯年

最澄画像

嵯峨天皇画像

弘法大师——空海

空海（774－835），俗名佐伯真鱼，密宗灌顶法名遍照金刚，谥号弘法大师，日本赞岐国多度郡屏风浦（今日本四国岛北部香川县）人。少年时随舅父赴奈良学习儒学辞章，十八岁入太学博览经史。他不追求高官厚禄，而对佛教产生了浓厚兴趣。十八岁时就写作《三教指归》，对中国的儒、佛、道三教进行评论比较。二十岁正式出家，拜和泉国槙尾山石渊寺名僧勤操大师为师。公

— 131 —

元795年，受戒于奈良东大寺戒坛院，并改法号为"空海"。在此后十多年里，他苦心修炼，潜心钻研佛学。为了寻求佛学真谛，他穷经问道，立志西渡唐朝求学。由于他在汉学和佛学方面具有深厚的基础知识，内心又仰慕中国文化，所以被选中入唐求学。

公元804年（唐德宗贞元二十年，日本桓武天皇延历二十三年），日本第十七次遣唐使受命西渡。此次西渡总人数是八百零五人，大使是藤原葛野麻吕，学问僧有空海、最澄，留学生有橘逸势等人。五月十二日由难波津（今日本大阪）解缆出发，七月六日从九州肥前国田浦顺风而行。次日晚遭遇风暴，空海与大使等乘坐的第一艘船与其他使船失去联系，在波涛之中颠簸了四十三天，直到八月十日才抵达福州长溪县赤岸镇海口。福州本来并不是接待日本使船的港口，空海为了说服当地官员接待他们，代大使上书："伏愿垂柔远之惠，顾好邻之义。"福州刺史阅后大为赞赏，决定给他们提供食宿并奏报长安。很快唐朝廷敕令：准许入长安。于是遣唐大使与空海等二十三人于十二月二十一日抵达唐长安城外长乐驿。唐朝内使赵忠带马二十三匹相迎，由春明门入城，随后他们居住在皇城外宣阳坊官宅。次年二月二十一日藤原大使等东归，空海被敕准留学，居住在长安西明寺。西明寺是仿照天竺祇园精舍而建的唐代名刹，当年三藏法师玄奘曾在此译经。

公元805年（唐德宗贞元二十一年，日本桓武天皇延历二十四年）五月，空海拜谒唐长安青龙寺高僧、三朝国师、真言宗（密宗）第七代传祖惠果为师。师徒一见如故，惠果对空海十分器重，"指其妙颐，教其密藏"，并勉励他学成以后，弘法于日本，传道于天下，"是则报佛恩师德，忠于国孝于家也"。空海对师父也是"视之如父，抚之如母"。同年十二月，惠果和尚圆寂，众僧委托空海为之撰写碑文。空海所写碑文言辞恳切，读之令人"胸裂肠断"。

空海在长安期间，不但钻研佛经，而且博览群书，好学不倦。他先向青龙寺昙贞和尚学梵文，又师从著名书法家韩方明学习书法。他还与许多中国文人名士交往，互相吟诗唱和。中国文士在诗中都对空海的才学盛赞有加，如官至淮西节度使、户部尚书的马总在诗中说"士人如子稀"，认为像空海这样多才多艺的僧人，在中国也不多见。诗人胡伯崇写道："天假吾师多伎术，就中草圣最狂逸。"他把空海比作东汉书法家"草圣"张芝，高度评价了空海的书法艺术。空海十分热爱中国的自然风光和文化艺术，同时又关心日本的发展进步，在长安游历时曾写出"看竹看花本国春，人声鸟弄汉家新"的诗句。当他看到花园里的花与竹时，就想到日本的春天。虽然眼前的风景与日本一样，但耳中听到中国的人声鸟语，总觉得更为新鲜。

空海原打算留学唐朝二十年，但后来为遵循恩师惠果"早归本朝，流布密教，普度众生"的教诲，决定改变计划，提前回国。中国友人闻讯，纷纷赠诗送别。如诗人朱千乘在《送空海归海东》一诗中赞美空海："威仪易旧体，文字冠儒宗。"并祝福他回国后"承恩见明主，偏沐僧家风"；还以《朱千乘诗》一卷赠给空海带回日本。浙江士子朱少瑞在送空海回日本国的诗中写道："禅客祖州来，中华谒帝回。"虽然"归程三万里"，但是"后会信优哉"，中日友好交流是长远的，他们一定后会有期。中国僧人昙清的诗中描写空海："来朝唐天子，归译竺乾经。"并想象他回国后会得到殊荣，"到宫方奏对，图像列王廷"。另一位僧人鸿渐的诗则祝愿空海返日后，"到国宣周礼，朝天得僧风"。诗人郑壬在送别诗中写道："他年续僧史，更载一贤人。"预言空海回国后一定会有卓越贡献，以至名垂青史。空海也向中国友人赠诗告别。

青龙寺义操和尚也是惠果的徒弟，与空海是师兄弟，他们感情很深。空海在赠别义操师兄的诗中抒发了深厚的友谊和惜别之情：

> 同法同门喜遇深，游空白雾忽归岑。

> 一生一别难再见，非梦思中数数寻。

公元 806 年（唐宪宗元和元年，日本平城天皇大同元年），空海带着先师的遗愿和大量佛经佛具，结束了两年的入唐求法生活，随遣唐使船东归，时年三十三岁。他从大唐带回佛教经典二百一十六部四百六十一卷，佛画十幅，佛具十多种，并在翌年编成《御请来目录》献给平城天皇。空海在纪伊的高野山创建了金刚峰寺。公元 823 年（唐穆宗长庆三年，日本嵯峨天皇弘仁十四年），他又以京都的东寺为中心，弘传密宗，创立了日本佛教的真言宗。空海还于公元 828 年（唐文宗大和二年，日本淳和天皇天长五年）在东寺附近创办了日本历史上第一所民间学校综艺种智院，教授汉文化知识，不但有儒学、佛学，还有法学、医学、音乐等知识和手工技能等，以从中国携归的《急就章》等书籍为启蒙教科书。他还亲自主持编成《篆隶万象名义》一书，这是日本最早的汉字辞书。综艺种智院为贫苦学生提供食宿，向庶民普及教育。空海把该校开学典礼放在他的中国师父惠果圆寂这一天，以表怀念恩师之情，并希望中日世代友好。

空海多才多艺，他对中日文化交流的建树也是多方面的。他一生的佛教著作有三百多种五百余卷，对佛学有许多创造性见解。他还著有《文镜秘府论》一书，共六卷二十五节，对从汉魏六朝到隋唐的中国文学理论、诗歌格律做了系统介绍，对传播中国文化、推动日本文学发展有很大影响。

空海在书法艺术方面也有很高成就。他认真研究王羲之、欧阳询、颜真卿等各种中国书法流派，广泛收集各种碑帖资料，兼擅篆、隶、楷、行、草各体，为日本书法艺术开一代新风，成为日本书道宗师。空海与橘逸势、嵯峨天皇三人，被称为日本平安时代的"三笔"或"三圣"。嵯峨天皇看了空海的书法作品后赞叹不绝，当即赋诗：

华苑正开春日色，月天遍照秋夜明。

对之观者目炫耀，共赏草书笑丹青。

绝妙艺能不可测，二王没后此僧生。

既知臣骨无人拟，收置秘府最开情。

现在空海的墨迹《风信帖》等仍被日本政府定为"国宝"。空海还把中国笔墨的制造方法带回日本。

空海还依据他的梵文知识，借用中国汉字草书创造日本文字平假名。据说至今日本家喻户晓的《伊吕波歌》，就是空海根据中国草书创作的日本平假名字母表。据说空海还引进中国种茶技术，从长安回归日本时，曾携回茶叶献给嵯峨天皇。

公元835年（唐文宗大和九年，日本仁明天皇承和二年），六十二岁的空海终老于高野山。公元921年（梁末帝龙德元年，日本醍醐天皇延喜二十一年），醍醐天皇赐予他"弘法大师"的谥号。他圆寂前曾以"入唐求法沙门空海"的名义留下遗言，教导弟子们要学好汉学，以沟通中日文化，促进中日友好。因此，在他圆寂后的第三年，其弟子圆行等继承师父遗愿，跟随第十八次遣唐使团来到中国，并特地到祖师惠果墓前敬献从日本带来的供品。弘法大师空海对促进中日文化交流与发展日本文化所做出的不朽功绩，将永垂史册。

弘法大师空海生平列表

日本天皇年号	时间	纪　事
宝龟五年	774	六月十五日，出生于赞岐国屏风浦（香川县善通寺）
宝龟一一年	780	于舍身岳发下济度众生的誓愿
延历七年	788	跟随舅父阿刀大足上京
延历一〇年	791	进入长冈大学就读
延历一二年	793	于和泉国槇尾山石渊寺从勤操法师剃度出家
延历一四年	795	于东大寺戒坛院受具足戒，并改法号为"空海"
延历一五年	796	于大和国久米寺发现《大日经》
延历廿三年	804	入唐求法，抵达长安城
延历廿四年	805	自惠果和尚处继承密教正统
大同元年	806	自唐归国
大同二年	807	创立真言宗
弘仁六年	815	开创四国八十八所灵场
弘仁七年	816	开创高野山道场
弘仁九年	818	全国瘟疫流行。述作《般若心经秘键》
弘仁一二年	821	构筑万浓池水库
弘仁一四年	823	御赐京都东寺为道场
天长元年	824	于神泉苑祈雨
天长五年	828	建立综艺种智院，开启庶民教育先河
天长九年	832	奉诏于高野山举行万灯万华会
承和元年	834	奉诏于皇宫举行后七日御修法
承和二年	835	三月二十一日入定圆寂
延喜廿一年	921	醍醐天皇赐号"弘法大师"

醍醐天皇画像

青龙寺空海纪念碑

空海大师画像

珍藏于金刚峰寺的弘法大师空海坐像

珍藏于金刚峰寺的弘法大师使用过的三股杵

空海草书《心经》

珍藏于金刚峰寺的唐代木雕曼荼罗　　　珍藏于金刚峰寺的唐代木雕曼荼罗

慈觉大师——圆仁

唐代来长安的日本学问僧为数不少，但留下访华游记之类文字记载的却不多。赴唐日本学问僧所写的中国游记中，记述史事最详、史料价值最高者，当推圆仁撰写的《入唐求法巡礼行记》一书，有的学者甚至将它与元代访问中国的意大利人马可·波罗写的《马可·波罗游记》相提并论。

圆仁（794—864），日本天台宗山门派创始人。俗姓壬生氏，生于下野国（今日本本州岛中部枥木县）。自幼丧父，九岁由其兄教授经史，后就学于都贺郡小野寺村大慈寺的鉴真和尚之三传弟子广智。十五岁登比睿山，投拜传教大师最澄门下学习。圆仁因勤勉好学，颇得最澄赏识，常跟随大师左右，修天台大法。二十二岁时在东大寺戒坛受戒。最澄圆寂后，不满三十岁的圆仁已在比睿山开坛弘法，还到法隆寺、天王寺等处讲学。

公元835年（唐文宗大和九年，日本仁明天皇承和二年），日本派遣以藤原常嗣为首的第十八次遣唐使团出使中国，圆仁受众僧推举为随团入唐僧。船队七月从难波出发，出海后不久即遇险，船只破损，他们只得折回待命。两年后，第二次扬帆西渡，又遇逆风，被迫折回。直到公元838年（唐文宗开成三年，日本仁明天皇承和五年）第三次渡海，他们饱经风险，备尝艰辛，才终于抵达中国扬州。经淮南节度使李德裕奏报，朝廷准许大使等少数人进入长安，其他人则留原地待命。圆仁便在扬州开元寺求法，得到各种佛经一百多部。但是他请求巡礼天台山的申请未被批准，只得于公元839年随遣唐使团从扬州踏上归途。当船泊至海州时，圆仁携弟子惟正等借故下船，潜行登陆，被海州官府察觉，又被护送登上遣唐使团的第二只船。当船行抵山东登州府时，圆仁又离船登陆，投入文登县的法华院。

公元840年（唐文宗开成五年，日本仁明天皇承和七年），圆仁又向中国官府申请巡礼五台圣地。他在奏状中写道："本人心慕释教，修行佛道，远闻中华五台等诸处，佛法之根源，大圣文化处，西天高僧，逾险远投，唐国各德，游兹得道。圆仁等旧有钦慕，涉海访寻，未遂宿愿。今欲往赴诸方，礼谒圣迹，寻师学法。"平卢节度使张咏为其真挚热诚所感动，圆仁终于获准巡礼五台山。公元840年四月，圆仁率弟子从登州出发，经山东青州、淄州、齐州，河北德州、贝州、冀州等地，徒步跋涉四十四天，行程两万九千多里，终于抵达五台山。他们巡礼了五台山各名刹灵迹，参谒大华严寺志远大师等名僧。志远大师是圆仁的师父最澄的故友，两人见面倍感亲切。圆仁请志远大师对日本天台宗延历寺僧人提出的三十条疑问进行解疑释惑，另外他还抄录了天台典籍三十四部。圆仁一行在五台山逗留五十余日，方与志远法师等依依惜别，临行时特地取了五台山的土、石作为圣物准备带回日本。同年八月，圆仁一行抵达唐都长安，居资兴寺，又向大兴善寺元政、青龙寺义真等高僧学习密法，还向青龙寺法润和尚学习金刚戒，并得到经书、道具多种。

公元 843 年（唐武宗会昌三年，日本仁明天皇承和十年），唐武宗实行排佛政策，毁寺驱僧。公元 845 年（唐武宗会昌五年，日本仁明天皇承和十二年），圆仁被命还俗，离开长安。唐朝友人杨敬之、李元佐等为其饯行，以衣物、佛像、经卷相赠。栖白和尚还赠《送圆仁三藏归本国》诗一首以抒惜别之情。

家山临晚日，海路信归桡。

树灭浑无岸，风生只有潮。

岁穷程未尽，天末国仍遥。

已入闽王梦，香花境外邀。

公元 847 年（唐宣宗大中元年，日本仁明天皇承和十四年），圆仁携经疏传记五百八十五部七百九十四卷及法物多种，搭乘新罗商船回到日本。他以比睿山为中心开展弘法事业。公元 854 年（唐宣宗大中八年，日本文德天皇仁寿四年），他任天台座主；公元 861 年（唐懿宗咸通二年，日本清和天皇贞观三年），着手建造文殊楼，并以从五台山携归之土石奠基。圆仁还撰写了《显扬大戒论》等著述近百部。公元 864 年（唐懿宗咸通五年，日本清和天皇贞观六年），七十一岁的圆仁圆寂于京都延历寺。公元 866 年（唐懿宗咸通七年，日本清和天皇贞观八年），日本清和天皇赐圆仁"慈觉大师"谥号。

圆仁留唐十年，客居长安六载，以日记体写下了极具史料价值的中国游记《入唐求法巡礼行记》四卷，这是研究唐代历史、社会、宗教和中日交流的重要资料。书中对唐代中日两国间的交通往来、文化交流以及唐代中国之典章制度、风俗礼仪、政治外交、经济文化、宗教等方面，均根据其亲身经历或耳闻目睹随笔记录。所记之事，虽有讹传误闻，但仍有不少可补史乘之缺。书中还录有当时往返的书简牒文，这是考证中唐以后公私文牍格式手续的珍贵文献。尤其是圆仁滞唐后期，正遇唐武宗会昌灭佛之举，据载当时全国拆寺四千六百多所，僧尼强令还俗者二十六万多人，而且灭佛之际，摩尼教、景教、祆教等，亦遭牵连而被灭。这是中国宗教史上的重大事件，可是在唐人著作中涉及不多，而圆仁的《入唐求法巡礼行记》一书对此则做了详细记述。书中除记载了会昌年间唐武宗排佛的来龙去脉外，还记述了唐代"安史之乱"后民间不崇佛、厌僧侣的社会现象。书中也反映了佛教僧侣对朝廷的不满，认为灭佛的唐武宗是一位昏庸无道的皇帝。该书对新罗人在华活动也有不少记载，这有助于我们了解当时中朝、中日关系以及新罗在中日交流之间所起的作用。《入唐求法巡礼行记》的文学价值虽不及史料价值，但书中对五台山风景的描写文字甚是优美，而且记叙人物故事颇具幽默诙谐的风格。总之，圆仁的《入唐求法巡礼行记》是古代中日文化交流史上一部十分珍贵的文献资料。

圆仁画像

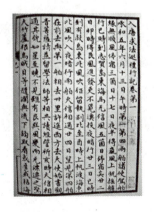

圆仁的《入唐求法巡礼行记》

传灯大师——圆载

圆载（？—877），大河国（今日本奈良县）人。幼年入比睿山跟从最澄学习梵典，兼修儒学。公元838年（唐文宗开成三年，日本仁明天皇承和五年），圆载为解决疑难问题，率弟子仁好、顺昌、仁济和行者伴始满乘第十八次遣唐使船入唐。出发前，日本桔皇后曾经托圆载携带袈裟，要求将其供奉在天台宗的实际创始人智者大师（即智颠）的肖像前。圆载一行到达扬州，经过层层上报，得知唐朝给圆载及其从僧提供的待遇是给粮五年，并且允许从扬州到天台山学习，圆载与弟子们欣喜若狂。扬州官府还奉命供给学问僧每人绢五匹，这也是从未有过的事，因为在此之前，只有留学生才享有这种待遇。

据《天台宗未决》卷一记载，圆载一行自扬州至天台山，巡礼国清寺，将比睿山诸法师提出的五十个有关天台宗的疑难问题，提交广修、维蠲二位高僧解答（当时日本佛教界称这种做法为"唐决"）。根据规定，给圆载的书面答复需要地方官批准，唐文宗开成五年（840）八月十三日，天台僧维蠲递呈台州刺史请求官印的牒状中说："去年，僧圆载奉本国命，送太后纳袈裟供养大师影，圣德太子的《法华经疏》镇天台藏，赍众疑义五十科来问，抄写所欠经论。禅林寺广修答一本已蒙前使李端公判印竟，维蠲答一本并付经论疏三十本，伏乞郎中赐以判印。"圆载也同时师从二师学习天台宗。

公元843年（唐武宗会昌三年，日本仁明天皇承和十年），圆载的弟子仁好与顺昌奉圆载之命，乘新罗人张公靖船，回国送

"唐决"并向朝廷申请衣粮补助的表状。次年，仁好携带朝廷赐给圆载的二百两黄金乘唐人商船返唐。公元847年（唐宣宗大中元年，日本仁明天皇承和十四年），仁好乘张支信船回国。第二年，天皇再赐给圆载黄金一百二十两。

公元855年（唐宣宗大中九年，日本文德天皇齐衡二年），圆载与圆仁一起从唐长安青龙寺法全和尚受诸仪规、胎藏界和金刚经灌顶。

公元853年（唐宣宗大中七年，日本文德天皇仁寿三年），学问僧圆珍入唐，带来日本仁明天皇嘉祥三年（850）敕牒，天皇表彰圆载"勤求圣道"，并赐圆载"传灯大师"称号。日本入唐高僧由朝廷授予"大师"者皆在其死后，唯有圆载在生前获大师称号，可见圆载在日本官方和僧俗人士中的影响和地位。

圆载在唐也颇受朝野人士的尊重，《天台宗未决》卷一载有台州刺史称赞圆载的一段话："圆载阇梨是东国至人，洞西竺妙理。梯山航海，以月系时。涉百余万道途之勤，历三大千世界之远。经文翻于贝叶，乡路出于扶桑。"

唐宣宗也非常赏识圆载的道学，特诏他到宫中讲经，并赐予其紫袈裟。《大宋僧史略》中说："日本国僧圆载住西明寺，辞归本国，赐紫遣还。"连玄昉在内，日本入唐学问僧获此殊荣者仅此二人，而最澄、空海、圆仁等声名卓著的僧人，都未见由唐朝皇帝赐紫袈裟的记载。

圆载留唐三十年，与唐朝高僧、文士交往甚多。他们或切磋佛学，或诗歌唱酬，彼此之间结下了深厚的友谊。公元877年

（唐僖宗乾符四年，日本阳成天皇元庆元年），他携带数千卷佛教经典和各类书籍，来到松江海边的港口，准备回国。其好友皮日休、陆龟蒙等闻讯赶来送行，留下了一首首情感至深的诗篇。如今，我们在《全唐诗》中还可以读到。如陆龟蒙诗云："九流三教一时倾，万轴光凌渤澥声。从此遗编东去后，却应荒外有诸生。"然而，这位造诣十分高深的"传灯大师"，在乘唐商人李延孝船回国途中不幸遇难，未能实现回国后大展宏图的愿望，给中日两国人民留下了千古遗憾。

圆载学业大成，满载而归，不料故国未见，却先葬身沧海。然而，更不幸的是他身死之后，继之以名裂，成为受人唾骂的"失德"僧人。关于圆载失德的记录来自圆珍的游唐日记《行历抄》。该书在唐宣宗大中七年（853）十二月十五日（圆珍到唐后会见圆载的次日），记有如下一段文字："会昌三年，本国僧圆修、惠运来此山（天台山），具知圆载犯尼之事。僧道诠和尚曰：圆修道心，多有材学。在禅林寺见圆载数出寺，举声大哭：'国家与汝粮食，徒众待汝学满却归本寺流传佛法。何不勤业，作此恶行，苍天，苍天！'圆载因此结怨含毒。圆修去明州以后，（圆）载雇新罗僧将毒药去，拟杀圆修。"但未成功。在唐宣宗大中十年（856）十月三日条中，又记录圆珍自长安青龙寺法全和尚处听说"者（这）贼（圆载）久在剡县，养妇苏田，养蚕养儿，无心入城。才见珍来，为作鬼贼，趁逐入来。叵耐，叵耐"。

我国中日关系史学家胡锡年将《行历抄》中关于圆载失德之事归纳为三条：①不修学业；②犯尼养妇；③谋杀圆修。对此三条他做了严密分析，指出所谓"不修学业"，对于学业成就极大的圆载来说，完全是"荒唐无稽"之谈。所谓"犯尼养妇"，可能是同一回事，即圆载在唐武宗推行的打击佛教运动中被迫还俗，结婚（大概妻为尼姑）生子，这是"可以谅解和同情的"。至于"谋杀圆修"，则是"得之于间接而又间接的传说"，又系孤证，不足以定案。

其实，还有两点可以说明：一是留唐诸高僧由日本朝廷获得"大师"称号者皆在其死后，唯圆载获"传灯大师"称号在生前。在日本朝廷看来，他的才德似乎先于盖棺就可定论。二是圆载回国时携汉文经典数千卷，以至于陆龟蒙叹说"九流三教一时倾"，在全部留唐学问僧中只有玄

智颉大师画像

昉可与之比拟。如他有幸不死而归，其在"请来经典"方面的贡献将大大超过入唐八家。

智证大师——圆珍

圆珍（814—891），日本延历寺第五代座主，系日本弘法大师空海的外甥，赞岐国那珂郡（今日本西南四国岛东北部香川县）人。十五岁入比睿山，师从日本天台宗二祖义真受天台之学。二十岁得道受戒，此后住山十二年，任内供奉十禅师之一。因通达显密，博鉴他宗，被推为"一山真言学头"。唐宣宗大中七年

（853）乘唐商船入唐求法，于福州开元寺就存式法师学《妙法莲华经》《华严经》《俱舍论》，又从般若怛罗大师学梵语和密教。后来至天台山国清寺研习天台章疏，到越州（今浙江绍兴）开元寺学习天台宗教义。唐宣宗大中九年（855）至长安青龙寺，从法全大师受瑜伽密旨，受传阿阇梨灌顶；又向长安大兴善寺智慧轮学习胎藏、金刚两部秘法。唐宣宗大中十年（856）五月，再次回到越州开元寺，得经文七十余卷。此后再上天台山入国清寺。当年最澄在国清寺时曾建一院，供后来日本学问僧居住，但此院在"会昌法难"中被毁。圆珍便在国清寺止观院建止观堂，以成全祖师的愿望。此处修缮后，题名为"天台山国清寺日本国大德僧院"。

圆珍于公元858年（唐宣宗大中十二年，日本文德天皇天安二年）回国。回国后为日本天台宗第五代座主，又为寺门派开山祖。日本清和天皇贞观元年（859）在三井园城寺创建唐院，将带回的典籍、曼荼罗、法器等收藏于其中。日本清和天皇贞观十年（868）六月任延历寺座主，敕赐近江园城寺为传法灌顶道场。日本阳成天皇元庆元年（877），敕命圆珍为御前讲师。日本宇多天皇宽平二年（890）任少僧都，日本宽平三年（891）十二月二十九日圆寂，终年七十八岁。日本醍醐天皇延长五年（927）赐圆珍"智证大师"谥号。

圆珍一生著述甚多，有《法华论记》《大慈藏瑜伽记》《圆多罗义集》《授决集》等。其所著游唐日记《行历抄》仅存札要。

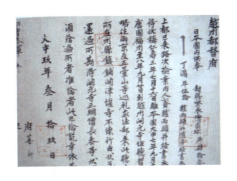

唐越州都督府发给日本遣唐僧人圆珍等
七人到长安等地求法的护照

圆珍画像

上述五位获得"大师"称号的学问僧，除圆载死于归途未能回到国内施展抱负外，其他四人均系一代宗师，在日本的宗教史和文化史上留下了不可磨灭的贡献。

入唐八家的文化贡献

日本学问僧在唐求法学习期间，极为注重书籍、经典、佛像、佛画和佛具等物件的搜购、抄写和复制。与留唐学生相比较而言，学问僧带回日本的汉文典籍文物数量要比一般留学生带回的多得多。其中最引人注目的是玄昉，他在唐学习十八年，在公元734年（唐玄宗开元二十二年，日本圣武天皇天平六年）回国时，带回经论一千零七十六部共五千零四十八卷，以及各种佛像。这个经论数目和《开元大藏经》的数目一致，因而，他带回的大概就是全部的《开元大藏经》。此后，由于学问僧在唐留学时间越来越短，多数以随使船来去的时间定行程，没有太多时间坐下来读书，便普遍奉行大批求经、买书、仿制佛像及佛具的做法。如空海在唐长安青龙寺跟从惠果大师学密教时请供奉丹青（宫廷画师）李真等人，临摹了两界大曼荼罗（佛和菩萨的画像）及祖师影等十幅，另雇二十多位经生抄写《金刚经》等密教经典。李真是唐代寺院壁画大师，空海带回的出自李真手笔的真言五祖像，现在还收藏在日本京都教王护国寺。圆仁在唐时也雇请人抄经、临摹佛和菩萨的画像。日本平安时代的留唐学问僧，著名的有最澄、空海、常晓、圆行、圆仁、惠运、圆珍、宗睿，被称为"入唐八家"。入唐八家带回日本的典籍文物都有明确的记载。

最澄：①经论章疏传记等，得之于台州者一百二十八部三百四十五卷，得之于越州者一百零二部一百一十五卷，合计二百三十部四百六十卷。②真言道具等十余种。③拓本真迹等十七种。（依据《传教大师将来台州录》一百二十八卷、《传教大师将来越州录》一百零二卷记载）

空海：①经论章疏传记等，新译经等一百四十二部二百四十卷，梵字真言赞等四十二部四十四卷，论疏章三十二部一百七十卷，合计二百一十六部四百五十四卷。②胎藏金刚界等曼荼罗、祖师影等十幅。③真言道具九种。④惠果阿阇梨付嘱物十三种。（依据《御请来目录》四百六十一卷记载）

常晓：①经论章疏传记等三十一部六十三卷。②大元帅本身将部曼荼罗一幅、大元帅大悲身像一躯、大元帅愤怒身像一躯、大元帅化身像一躯，其他佛像数躯。③佛具数件。（依据《常晓和尚请来目录》六十卷记载）

圆行：①经论章疏传记等，新请来真言法经二十六部三十三卷，梵字三部四卷，显教论及疏章十八部八十八卷，合计四十七部一百二十五卷。②佛舍利三千余粒。③义真阿阇梨付嘱物三种。④佛像曼荼罗十二种。⑤真言道具十六种。（依据《灵严寺和尚请来法门道具等目录》一百六十卷记载）

圆仁：①经论章疏传记等，得之于扬州者一百二十八部一百九十八卷，得之于五台山者三十四部三十七卷，得之于长安者四百二十三部五百五十九卷，合计五百八十五部七百九十四卷。②其他，得之于扬州者胎藏金刚两部、曼荼罗诸尊，坛样、高僧真影及舍利二十一种；得之于五台山者五台山土石等；得之于长安者胎藏金刚两部、曼荼罗诸尊，坛样、道具等二十一种。（依据《入唐新求圣教目录》五百四十八卷记载）

惠运：经论章疏传记等共一百八十卷。（依据《惠运禅师将来教法目录》一百八十卷记载）

圆珍：①经论章疏传记等共四百四十一部一千卷。②真言道具十六种。③曼荼罗数幅。④杂碑铭文等拓本数种。（依据《智证大师请来目录》一千零六十四卷记载）

宗睿：①经论章疏传记等共一百三十四部一百四十三卷。②真言道具八种。③曼荼罗图样等十余种。④佛舍利七十粒。（依据《书写请来法门等目录》一百四十三卷记载）

上述带回日本的汉文典籍中，佛典以与长安、天台、密教有关者居多，这对于以天台宗和真言宗为代表的日本山岳佛教的兴起有很大影响。体现唐代画风的佛像、佛画和祖师肖像画的输入也影响了日本的美术，成为藤原时代（969—1068）华丽典雅画风的渊源。梵文经典的大量输入以及学问僧在唐学得的悉昙学（佛教用语。修习悉昙学时，首先须学字母，其次修连音法，最后学名词、形容词等文法）知识，推动了日本音韵学的发展。日本假名的五十音表传说系弘法大师空海所作，虽不足信以为真，但从某种意义上揭示了它的产生是和佛教梵语有某种关系的。

学问僧带回的碑帖和书法真迹也有相当数量。最澄的《法门道具等目录》中的《书法目录》就有：

《赵模千字文》（大唐拓本），《大唐圣教序》（大唐拓本），《真草千字文》（大唐拓本），《天台圣教序》（大唐拓本），《台州龙兴寺碑》（大唐拓本），《润州牛头山第六祖师碑》（大唐拓本），《王羲之十八帖》（大唐拓本），《开元神武皇帝书法》（大唐拓本），《欧阳询书法》（大唐拓本），《王献之书法》（大唐拓本），《褚遂良集》（大唐拓本），《安西内书碑》（大唐拓本），《梁武帝评书》（大唐拓本），《天台佛窟和上书法一枚》（真迹），《两书本一卷》（留唐临摹），《真草文一卷》（留唐临摹），《古文千字文》（留唐临摹）。

书法作品的大量传入，为平安时代日本书法艺术的繁荣注入了营养。

学问僧带回日本的汉文诗文集和各类杂书的数量也相当可观，单在圆仁的《入唐新求圣教目录》中就可以见到如下书目：

《大唐新修定公卿士庶内族吉凶书仪》三十卷（郑余庆重修定），《开元诗格》一卷，《祗对义》一卷，《判一百条》一卷（骆宾王撰），《祝无膺诗集》一卷，《杭越寄和诗集》一卷，《法华经二十八品七言诗》一卷，《嗣安集》一卷，《百司举要》一卷，《两京新记》三卷，《皇帝拜南郊仪注》一卷，《丹凤楼赋》一卷，《诗赋格》一卷，《杭越唱和诗》一卷，《进士章解集》一卷，《仆郡集》一卷,《庄翱集》一卷,《李张集》一卷,《杜员外集》二卷,《台山集》一卷,《白家诗集》六卷。

以上各书据圆仁在《入唐新求圣教目录》序中所载,都是从长安得来的。

关于杂书,在宗睿和尚的《书写请来法门等目录》中记载的也不少,如:《都利聿斯经》一部五卷,《七曜穰灾决》一卷,《七曜二十八宿历》一卷,《七曜历日》一卷,《六壬名例立成歌》一部二卷,《明镜连珠》一部十卷,《秘录药方》一部六卷,《削繁加要书仪》一卷,《西川印子唐韵》一部五卷,《西川印子玉篇》一部三十卷。

这类杂书有广泛的使用价值,正如宗睿所说"虽非法门,世者所要也"。

除入唐八家外,其他学问僧也都普遍携带各种书籍回国。如惠萼带回的《白氏文集》等在日本影响很大。

遣唐使、学问僧、留学生竞相输入典籍,使得日本的图书收藏量快速增长起来。在日本淳和天皇天长元年(824),滋野贞主奉敕编纂类书《秘府略》(一千卷),其规模已和晚于它一百五十年北宋宋太宗时编纂的《太平御览》(一千卷)旗鼓相当了。仅此一例,就可想而知日本国内收藏的中国书籍之丰富,而这些书籍绝大多数都是由遣唐使、学问僧和留学生从中国带回日本的。

在一千多年以前,一个国家从另一个国家以如此大规模地输入图书以及文物,这在世界史上是极其罕见的现象。它对日本文化发展所起的巨大促进作用显而易见。

与留学生相比,学问僧回国后似乎更加受到重用,如惠施、智通、智藏、玄昉、宗睿等都被任命为僧正（最高僧官），行贺、永忠、空海等被任命为僧都（仅次于僧正）。当了祖师、座主的则更多。他们中的不少人或著书立说，或开创新宗，或建筑名刹，成为日本佛教界的领袖人物。另外，在佛教作为国教的情况下，他们的影响往往超越了宗教和文化的范围，而且涉及政治领域。

空海请回日本的木质佛像

铅活字本《大藏经》八册，大开本

国子监——留学生学习唐文化的学府

　　"留学生"一词是在日本遣唐使时代创造的。一千三百多年前的日本政府为了吸取中国的先进文化，多次派出遣唐使到中国。由于遣唐使是外交使节，在中国停留时间不能过长，所以日本政府从第二次派出遣唐使开始，同时派来了留学生和学问僧。留学生和学问僧都是在遣唐使回国后，仍留在中国学习的学生。留学生主要学习中国的文化知识，而学问僧主要以研习佛教教义为主。现在日本的京都，建筑式样几乎和唐长安城一样，也有"朱雀大街"，也有"东市""西市"，这些其实都是遣唐留学生的功劳。唐朝政府对留学生也给予优待，补助他们的日常生活费用，四季发放被服，允许他们在国子监太学、四门学等一流学校读书，特别是在科举入仕方面，还特设"宾贡进士"并给予照顾。留学生在长安为国家招聘人才，交结其他国家使节，搜集购买书籍，特别是他们将学习、了解到的汉唐文化与典章制度带回日本，从而使盛唐气象增添了更多的国际色彩。

留学生活种种

1. 赏赐丰厚的留学生

唐王朝以高度发达的文化吸引着四周国家和地区的关注，外国留学生被源源不断地派遣到中国来学习。派遣留学生最多的国家，除了新罗就是日本。那么，日本前后共派了多少名留学生呢？

经过日本学者木宫泰彦多年来的研究，考证出在史籍上留下姓名的留学生共三十三名。但这三十三名留学生中，一名（丹福成）的身份是傔从，另一名（山田史御形）不是留唐，而是留新罗生；还有两人（间人连御厩、依网连稚子）本来是托新罗送他们入唐的，但遭到拒绝未能成行；还有三人（刀岐雄贞、佐伯安道、志斐永世）虽经指派，但不肯去唐，受到流放处分，根本就未走出国门。因此，真正在唐留学并留下姓名的是二十六名。

还有些留学生，因为姓名泯灭，至今已无从考证了。如唐人何晦所著《摭言》中有这样的句子："送人归日本诗云，岛屿分诸国，星河共一天。"所送者究竟是何人，已不得而知。因此不妨说，有幸留下姓名的留学生只是留学生中的一小部分。

据推算，遣唐使所带的留学生和学问僧每次大致在十几人到三十来人。如第十八次遣唐使所带留学生、学问僧，已知者为如下十五人：春苑宿祢玉成、菅原梶成、长岑宿祢、圆行、常晓、戒明、义澄、圆仁、惟正、惟晓、圆载、仁好、圆觉、顺昌、仁济。若以此为准估算，日本遣唐使送来的留学生、留学僧大体有十二次。终唐一代，也不过二百到三百人。至于零星搭乘唐人、新罗人商船来的毕竟数量不大，且大多为僧人。

留学生之所以不能多派，据我国学者胡锡年先生的研究，主要不是经济方面的原因，而是因为唐朝接受留学生的机构——国子监名额限制很严，不能更多地接受日本留学生。留学生有不同的类型。若以学习的方式和年限为准，可分为一般留学生、请益生和还学生。一般留学生学习年限较长，尤其是奈良时代，动辄十余年或二十余年。学习时间如此之长，主要是因为留学生的文化根基较差，一切都要从头学起。另外，也因为除了遣唐使船之外，没有其他船只可供其搭乘。进入平安时代后，随着日本对唐文化的大量吸收和积累，留学生的学习年限大大缩短，大部分都在五年以内。而且留学生的派遣也更富有目的性和针对性，于是出现了请益生和还学生。所谓请益生，类似于今天的进修生或访问学者，其一般在国内已经学有所长，只因有某些疑难问题不能解决，需要入唐求教和深造。有名的请益生如春苑宿祢玉成是阴阳家，他以遣唐阴阳师兼阴阳请益生双重身份入唐求教，获得《难义》一卷，回国后用以教授阴阳寮的学生。又如菅原梶成通晓医术，但有医学上的疑义，入唐请益学习后，回国任针博士，后来甚至当了侍医（天皇的御医）。至于"还学生"大体也是如此，只不过他们是与遣唐使同去同还而已。

遣唐留学生的选拔和遣唐使的选拔虽然有某些相似的条件，如仪表端正、学术修养较深等，但也有不同的地方。遣唐使注重门第出身，而留学生却很少有出身权门望族者。在派遣的众多留学生中，只有藤原则雄一人出身于大官僚贵族，其父藤原仲麻吕在孝谦女帝时代官至太师（太政大臣），可以说是位极人臣。而其他留学生都只不过是中等以下的官僚子弟。如最有名望的几位留学生：橘逸势，其父橘入居任右中弁，官位不过从四位下；阿倍仲麻吕，其父任中务大辅，官位是正五位上；大和长冈，其父任刑部少辅，官位是从五位上。这是因为大官僚贵族子弟即使不去踏浪蹈海也照样不误显贵前程。赴唐留学，不过是学习学问和技艺，因此只要聪颖好学，就有可能入选。《慈觉大师》中说，"近者朝廷遴选遣唐留学生，随业择人"。可见择人的主要标准是学业上可堪造就者。一般留学生的年龄在二十岁左右（如阿倍仲麻吕入选时十六岁，吉备真备二十二岁），多数是大学寮的学生。

遣唐留学生、请益生等在出发前，由日本朝廷赏赐的物品有：留学生被赐绝四十匹、绵一百屯、布八十端；请益生被赐绝五匹、绵三十屯、布十六端；留学生的傔从被赐绝四匹、绵三十屯、布十三端。

留学生的赏赐仅次于大使和副使，或者说大体与副使相当（仅少二十端布）。

2. 进入各学馆学习

长安国子监里有许多国家派来深造的留学生，可谓"万方辐辏，盛况空前"。

（1）教育机构

遣唐留学生进入长安以后，先由鸿胪寺负责接待和管理。鸿胪寺是唐朝负责外交事务的部门。鸿胪寺除了接待、迎送外国使节外，另一项重要职能就是管理来唐朝学习的留学生。入唐求学的各国留学生都必须在鸿胪寺登记注册学籍。鸿胪寺根据唐朝政府的相关规定为各国留学生提供食宿，并与礼部接洽留学生的入学教育事宜。鸿胪寺根据留学生的学籍登记档案掌握其学习年限，学成期满的各国留学生都要由鸿胪寺进行核查再上报给朝廷，待批准后才能回国。可以说鸿胪寺是留学生进入国子监六学馆之前的"中转站"。

国子监是当时的最高学府，下设六学馆：国子学、太学、四门学、律学、书学、算学。其中律、书、算三学馆是培养专门人才的，除学习儒家经典外，着重学习有关专业知识。像大和长冈，有可能是就学于律学馆的。国子学、太学、四门学主要学习儒家经典，是培养通才的。六学馆招生对象不同，比如，入国子学者须是三品以上显贵的子孙。据《唐会要》唐中宗神龙二年（706）九月二十一日记载，"外蕃"学生非皇子王孙不得入。"吐蕃王及可汗子孙，欲习经业，并附国子学读书。"可见普通贵族出身的留学生是进不了国子学的。四门学招收七品以上稍低等级的官吏子弟入学，因此，外国贵族子弟留学生大部分进入供五品以上官僚子弟就读的太学学习。据王谠《唐语林》卷五中说，"太学诸生三千员，新罗、日本诸国，皆遣子入朝就业"。日本留学生阿倍仲麻吕就是在太学学习的。唐朝诗人储光羲《洛中贻朝校书衡》一诗中有"伯鸾游太学，中夜一相望"的诗句，王维《送秘书晁监还日本国并序》中也说晁监"名成太学，官至客卿"。此外，《续日本纪》也明确记载膳大丘是在国子监学习的留学生。在国子监学习的学生一律官费、食宿都由唐政府供给，外国留学生也不例外。学生入学时，只需象征性地向老师（博士、助教）奉献一份束脩作为晋见之礼。据《唐会要》和《旧唐书·职官志》记载，束脩只不过是一壶酒、一束干肉再加一段布或帛而已。不难想象，带了四十匹绝、一百屯绵、八十端布的留学生可能也是以这些织物去奉献业师的。束脩礼作为一种入学仪式，不仅有尊师重教的含义，还起到了沟通和增进师生感情的作用。

唐朝政府对外国留学生虽持积极接受的态度，但由于各官学名额有限，加之个别留学生汉语水平太低，也曾出现过"拒收"现象。如日本的橘逸势就因为不精通汉语而无法进入太学，遂在长安历访名家求学而成。不过日本留学生每次来的人数并不多，所以这种情况极少出现。

（2）管理方式

留学生在各个学馆里同唐朝本土学生一起学习生活，管理方式和本土学生大体相同。

国子监的各个学馆都有不同的修业年限，最长的为九年，律学馆的修业年限为六年。在规定的修业年限内未能科举及第的学生都要重新回到各个学校继续学习，超过规定的学习期限就被退回到州学。如果学生的学籍被退回，学校就会停止衣、食、宿等供应。留学生和唐朝本土学生一样，都会面临这样的问题，但是留学生跋山涉水不远万里来唐求学，而且涉及唐朝与各国的友好关系，所以唐朝政府对那些修业年限已到但由于各种原因未能合格毕业的学生和留学满九年但未能归国的学生仍继续给予生活补助。

国子监六学馆作为唐朝教育重中之重的学府，非常重视对学生知识的考察。留学生和唐朝的学生一样，都要按规定参加各种类别的考试。当时的考试大体分为四种：旬考、月考、年考、毕业考。

旬考一般每十日举行一次，由各个学馆的主讲教师主持。旬考是考核学生在这十天里所学习的功课，有诵读和讲解两种考试方式。诵读考试要求学生背诵经文三千字，每一千字测试一帖，答对两帖为及格。讲解考试要求学生讲解经文六千字，讲解两千字问大义一条，一共三条，答对两条为及格。

据王钦若《册府元龟》卷六〇四《学校部》记载，月考始于唐宪宗元和年间。当时的国子监祭酒冯伉向皇帝上奏道："其礼部所补生，到日亦请准格帖式，然后给厨。后每月一度试，经年等第不进者停厨。御旨从之。"由此，元和年间以后实行月考。月考的实行客观上调动了学生学习的积极性。

年考一般在年末举行，考核的内容是一年内学生所学的课程。口问大义十条，通晓八条评为上等，通晓六条评为中等，通晓五条评为下等。下等即为不及格，不及格的学生须留级。律学馆的学生修业年限为六年，其他学馆的学生修业年限为九年。在修业年限内如果三次年考不合格，就没有资格参加贡举考试，这类学生的学籍也相应地会被学校取消。留学生虽然在国内就已经学习儒家文化，有一定的语言文化基础，但是和优秀的唐朝学生相比还是有一定差距的。留学生参加这些考试后，即使不及格，鉴于他们自身的情况，唐朝政府也会特殊对待，不会让他们同唐朝学生一样罢归而被取消学籍。

毕业考也叫资格考试，在学生修业期满成绩及格时举行，由国子监祭酒监考，学生中通"二经"者、俊士通"三经"者和考试合格而仍愿继续深造的四门馆学生可以升为太学馆学生，而太学馆学生可以升为国子学馆学生。这种升级只是表明学生地位的提高，并没有表明其学业上的进步。毕业考是学生取得科举考试资格的一种模拟考试。监司从考试合格的学生中挑选出二三百名成绩优异的推荐到尚书省，让其和乡贡一同接受礼部考试。留学生可以参加宾贡科举考试，及第者可以在唐为官。留学生中能够通过这种考试的人都是非常出色的。历史上通过宾贡考试留下美名的留学生以新罗人居多。"名成太学"的阿倍仲麻吕（汉名晁衡）就曾参加宾贡科举考中进士，得到吏部奖掖，授校书郎，深得唐玄宗、唐肃宗的赏识，多次升迁，官至从三品秘书监，被誉为"中国秘书史上日籍秘书第一人"。

留学生的日常行为管理和唐朝本土学生的管理大体是相同的。六学馆对留学生的日常行为管理主要集中在休假制度和赏罚制度两方面。唐朝在历史上第一次确立了学校的休假制度，分为常假和制假。

常假又分为旬假、田假和授衣假。旬假与前面提到的旬考相对应，学生每隔十天休息一天，大致相当于现在的星期日。农历五月放田假，假期为十五天，从现在的角度看相当于春假。农历九月放授衣假，假期为十五天。在田假和授衣假这两个假期中，学生可以回家乡探亲，如果路程超过两百里，学校还给路程假。如果学生家中有婚丧嫁娶之类的事情，或者由于其他事情不能按时回校报到，可以将假期延长至一百天。如果学生因照料生病的直系亲属而请假，可以有两百天的假期。

制假有传统节日、祝日、诞辰日等，具体分为元日、上元节、寒食清明节、佛祖降生日、唐高祖李渊的诞辰及后任各皇帝的诞辰。元日即春节的正月初一，放假三天。上元节是正月十五，放假三天。寒食清明节是农历四月初四，休假天数不固定。农历四月初八是佛祖释迦牟尼的诞辰，此日放假一天，这与唐朝佛教的兴盛有着密切关系。唐高祖李渊是唐朝的开国皇帝，为了纪念他的丰功伟绩，从公元746年（唐玄宗天宝五年）开始，每年的二月十五日（李渊诞辰）放假一天。除此之外，李渊以后的唐朝皇帝均把自己的诞辰作为节日来庆祝，放假一天。留学生在这些假日里可以深入了解唐朝社会的各个层面，进一步学习唐朝的民间文化、风俗习惯，并和唐朝本土学生增进了解，广交朋友，深切感受繁荣而开放的唐文化。

国子监六学馆的学生大多是达官显贵的后代，其中难免有仗势欺侮教师和学生的纨绔子弟。因此，学校除了用儒家思想对学生进行教化外，还制定了相关的法规加强对学生的行为管理。规定假期回家探亲逾期没有返校的学生，将会受到严厉的惩罚；开学满三十天而没有按时回学校报到，或者请事假超过一百天，或者因照料生病的直系亲属请假超过两百天者，只要有其中一种情况，就要被学校除名，取消学籍。据《唐会要》卷六十六记载：国子监还规定，学生在学校学习期间，"无故喧哗者，仰馆子与业长，通状领过，知馆博士则准监司条流处分。其中事有过误，众可容恕，监司自议科决。自有悖慢师长，强暴斗打，请牒府县锢身，递送乡贯"。

国子监实行公膳制度，食宿均免费，所以有的学生因故被学校开除后，会重新改个名字混进学校继续享受免费的食宿。有的学生虽然离开了学校，但是不办理相关的退学手续，让亲戚或朋友来顶替自己的名额。鉴于这些情况，国子监规定，一旦发现这类学生，请送法司，立即严厉查处。国子监祭酒冯伉在唐宪宗元和元年（806）的奏章中写道："其艺业不勤，游处非类，樗蒲六博，酗酒喧争，凌慢有司，不修法度，有一于此，并请解退……闻此来多改名却入，起今以后，如有此类，请送法司，准式科处。"

如果学生的行为触犯了刑律，则要按照相关的法律治罪。学生殴打一般老师，受杖刑四十；如果殴打无品博士，刑罚加重，杖打六十；殴打九品以上的博士，杖打八十；如果打伤五品博士，就得按照老师的品级相应地累加定罪；如果把授业老师殴打致死，则判为死罪，受斩刑。

除上述情况，学生在校学习三年而不回家探望双亲的，学校要对其进行道德教育和训斥，督促这些学生回家探望亲人。如果学生不听劝诫，则要依法受到惩处。日本留学生入唐前已经在国内经过了细致的挑选，能够有资格留学的绝大多数都是品学兼优的学生，因此，在唐留学的过程中逾越规矩、触犯法令的现象较为罕见。鉴于海路交通的不便，留学生不必像唐朝本土学生那样按照规定回家探亲。像新罗、日本的留学生都是远涉千里，冒着生命危险来到唐朝求学，往返一趟非常艰难，所以朝廷对留学生在这方面的要求是有别于唐朝本土学生的。

（3）教育内容

根据《唐六典》《新唐书》等古籍记载，国学馆、太学馆、四门馆这类经学学校的教学内容安排得十分全面、系统。一般设置必修课、选修课、专业课三类。必修课为《论语》和《孝经》。必修课设置的内容则从做人的根本出发，具有浓厚的人文精神。选修课有《史记》《汉书》《三国志》《国语》《说文》等。专业课有

《周易》《诗经》《尚书》《周礼》《仪礼》《礼记》《春秋左氏传》《春秋公羊传》《春秋穀梁传》，这九部儒家典籍按难易程度和分量分为大经、中经、小经。《礼记》《春秋左氏传》称为大经，学习时间各为三年。《诗经》《周礼》《仪礼》称为中经，学习时间各为两年。《周易》《尚书》《春秋公羊传》《春秋穀梁传》称为小经，《周易》的学习时间为两年，《尚书》学习时间为一年半，《春秋公羊传》《春秋穀梁传》的学习时间各为一年半。

律学馆、书学馆、算学馆的教学内容更侧重于职业技能。律学馆把历朝历代的律、令作为专业课的学习内容，把历朝历代的格、式作为基础课的学习内容。《新唐书》卷五十六《刑法志》记载："唐之刑书有四，曰：律、令、格、式。令者，尊卑贵贱之等数，国家之制度也；格者，百官有司之所常行之事也；式者，其所常守之法也。凡邦国之政，必从事于此三者，其有所违及人之为恶而入于罪戾者，一断以律。""律以正刑定罪，令以设范立制，格以禁违正邪，式以轨物程事。"律是国家的根本大法，令是具有长久可行性的法令，格是禁止人违反的法律条例，式是人们必须遵守的法律章程。律、令、格、式对国家和社会生活的各个方面都做了详细的规定。

书学馆的必修课为《孝经》和《论语》，专业课为《石经三体书》《说文》《字林》。《石经三体书》学习时间为三年，《说文》学习时间为两年，《字林》学习时间为一年。据《旧唐书》卷四十六《经籍志》记载，书学馆的教材除了《说文》《字林》《石经三体书》之外，还有《字统》《字海》《括字苑》《文字释训》等。

算学馆设有两个专业，第一个专业学习《九章算术》《海岛算经》《孙子算经》《五曹算经》《张丘建算经》《周髀算经》《五经算》等，第二个专业学习《缀术》和《缉古算经》。此外，两个专业还设有必修的公共课《记遗》和《三等数》。第一个专业与第二个专业所学课程的修业年限不同：第一个专业学习《九章算术》和《海岛算经》的时间为三年，学习《孙子算经》和《五曹算经》一年，学习《张丘建算经》一年，《周髀算经》和《五经算》共学习一年。第二个专业学习《缀术》四年，学习《缉古算经》一年。公共课《记遗》和《三等数》修业年限均为一年。

以上是留学生在各个学馆中学习的主要内容和学习时间，此外不同国家不同专业的留学生还要根据各自的具体情况有所侧重地学习其他知识。日本留学生伊豫部家守在唐留学期间，除了学习五经之外，还着重学习切韵、说文字体。被誉为日本"三笔"之一的橘逸势在唐主要研习书法，并拜柳宗元为师学习张（芝）草。阿倍仲麻吕则在诗文上颇有造诣。日本留学生吉备真备涉猎广泛，在天文、历法、军事、音乐等各方面都有很深的研究。汉语基础相对差一点的学生，除了学习唐诗之外还要学习音韵方面的课程。音韵课有助于留学生从根本上了解和学习汉语语音，从而达到提高汉语水平的目的。

（4）教学形式

留学生和唐朝本土学生一般都是集体上大课，教学形式大体相同，有讲论、问难、诵读、读书指导四种形式。留学生中也有特例，如吉备真备就受到唐玄宗的优待，拜唐玄宗特意指定的四门助教赵玄默为师，单独上课。

①讲论

讲论即解释论证经典的概念及内涵，使学生较为容易地理解和掌握各门课程的内容。这种方法无论是用于巩固旧知识还是传授新知识，都有切合实际的效果。讲论分为制讲和常讲。

制讲是这四种教学形式中最为特殊的，也是最大规模的讲课。不过制讲在学馆中实行的次数较少，通常只是在皇帝视察学校、皇太子齿胄于学、春秋释奠孔子庙时举行。

常讲是各级各类学校日常课程的讲授。常讲的作用在于通过传授知识、详细地阐发精义，使学生领悟并掌握各门课程的内容。国子监六学馆的教师队伍庞大，这些教师都是唐朝政府招纳的天下贤良之士、儒学大师，如唐高祖武德初年撰写《左传义疏》的国子博士徐文远，撰写《老子疏》《周易疏》《庄子疏》的国子博士陆德明；唐太宗时期主持撰写《五经正义》的国子监祭酒孔颖达等，这些鸿师硕儒在讲学过程中都善于发挥各自独立的见解。可见，不同学校的教师，其常讲形式各有鲜明的特点，尤其是经学学校的教师，他们在讲经时并不是一味地照本宣科，而是敢于打破"师法"诘驳诸家，广博而精深，常使听者忘倦。

②问难

问难的教学形式始于唐高祖时期，是指儒、释、道三家相互质疑、论辩。"永徽初，累转陈王师。高宗令弘智于百福殿讲《孝经》，召中书门下三品及弘文馆学士、太学儒者，并预讲筵。弘智演畅微言，备陈五孝。学士等问难相继，弘智酬应如响。"后来唐高宗巡幸国学馆时，恰逢徐文远在讲解《孝经》、沙门惠乘讲解《般若经》、道士刘进喜讲解《老子》，于是唐高宗下诏命太学博士陆德明与这三个人论辩，问难之风由此盛行。问难促进了儒家经典的讲解以及各家学说、不同流派相互争论，使得当时的文化思想异常活跃。

　　③诵读和读书指导

　　除了教师的讲解，学生大部分时间是自己阅读钻研经文，背诵经文及关于经文的注解。学生之间也经常互相讨论问题、辨明经文。教师在学生读书时会给予必要的指导，这有利于学生从整体上把握经文

日本遣唐留学生在长安学习的情景
（NHK 电视台专题片《遣唐使》截屏）

的内容。诵读和读书指导培养了学生独立学习和钻研经文的能力。

　　上述教学形式在国子监六学馆的教学中发挥着举足轻重的作用。

留学三十二年始归国

　　在日本推古天皇二十二年（614），日本向中国派出了第四次遣隋使，使者名叫犬上三田耜。《隋书》上有这样一段记载："沙门（即僧人）数十人来，学习佛教。"从这里也许可以追寻到一些有关遣隋使的踪迹。

　　当时到长安的一些知名的留学生，居留的时间都相当长久，高向玄理、南渊请安、志贺惠隐都是三十二年，僧旻是二十五年，福因、广齐都是十六年。由于这些人都是归化人的子孙，对于作为外国语的中国语言十分精通，因而在选派留学生的时候，他们就有了优先条件。下面主要介绍留学时间最长的高向玄理和南渊请安。

高向玄理也叫玄理或者黑麻吕。有一种意见认为，他的家乡或者籍贯，就是河内国锦部郡一个叫高向的地方。南渊请安是大和国高市郡汉人系统归化人的子孙。他们在隋朝的都城长安学习了儒家文化的经书和史书。在他们求学的过程中，隋朝灭亡，唐朝建立了，当时的中国获得了日新月异的发展。他们亲眼看到了这前所未有的壮观场面，亲身感受到了这重大的历史变化。光阴似箭，他们离开日本已有二十多年了。公元 630 年（唐太宗贞观四年，日本舒明天皇二年），在秋风开始吹拂着唐朝都城长安的时节，两位老留学生——高向玄理和南渊请安，见到了从日夜思念的祖国而来的使者，他们欣喜若狂。在长安，他们确实已经很久很久没有见到日本使者了。离开祖国已经二十二年，从见到第四次遣隋使到现在，也有十六年之久了。这次来的正使，仍然是上次的犬上三田耜，副使是一位曾经在长安留学、有着丰富经验的医生，名叫惠日。因为隋朝已经灭亡，进入了唐朝，所以他们这次出使中国，就成为"第一次遣唐使"。

犬上三田耜这次出使归国后，又过了九年的漫长岁月，即公元 640 年（唐太宗贞观十四年，日本舒明天皇十二年），度过了三十二年异乡生活的高向玄理和南渊请安，才终于回到日本，来到国都飞鸟。在这之前的第八年，僧旻也结束了二十五年的留学生活，先期回到日本。

当时的天皇，是称为皇极天皇的女帝，住在飞鸟板盖宫里。其之所以叫"板盖宫"，是由于它的屋顶是用板子做成的，与从前用草或者树枝做成的不同。这种屋顶，在当时大概是很珍奇的，因而就成为宫殿的名字。这所房子的位置，有学者认为是在苏我入鹿家所在的甘橿冈北侧的板盖神社，也有学者认为是在甘橿冈东南方、距飞鸟寺南几百米的立神冢附近。到底在哪儿，现在还不能确定。

当时，苏我氏是凌驾于天皇家族之上的一支强大势力。苏我入鹿（苏我马子之孙）曾经围攻斑鸠宫，迫使圣德太子的儿子山背大兄王自杀，这在留学生们的心中留下了深刻的印象。南渊请安开了一个学塾，最先前来就学的是中臣镰子，后来还有藤原镰足。皇极天皇有两个皇子，一个叫中大兄，另一个叫大海人。对于他们两个人，苏我氏家族根本没有看在眼里。苏我入鹿想让亲近苏我氏家族的古人皇子继承皇位，以便自己操纵大权，成为实际的统治者。在藤原镰足的鼓动下，皇子中大兄也投到南渊请安门下就学。藤原镰足当时三十一岁，中大兄十九岁。在到南渊请安私塾上学的路上，他们两个人经常私下交谈，秘密商讨着讨伐苏我入鹿的计划，研究在打倒苏我入鹿的势力之后，应该实行什么样的政治措施。

当时作为政治改革动力的，正是南渊请安、高向玄理以及僧旻等一些留学长安的留学生。他们满怀热情地讲述着唐朝的各种律令制度，大声疾呼："必须以唐朝为典范，强化天皇的权力，建立一个机构完整的国家。"就这样，在与从长安归日的留学生们的深入交往中，藤原镰足和中大兄逐渐结成了革新派。回到日本的留学生成为大化革新的中坚力量。

藤原镰足画像

虚往盈归的留学生

留学生学成之后，一般由日本政府派来的遣唐使向唐朝政府提出申请，负责接回。如公元 806 年（唐宪宗元和元年，日本平城天皇大同元年），日本国遣唐判官高阶远成向唐宪宗请求："留学生橘逸势、留学僧空海艺业稍成，愿回本国，请陛下准许他们与臣同归。"他的这一请求得到了唐宪宗的许可，并得到各种方便。留学生回国时，唐朝政府还赠送大批佛教经典和书籍。唐律规定："诸蕃使人所取得汉妇女为妾者，并不得将还蕃。"但日本留学生大春日净足留唐期间与唐女子李自然结婚，却同回日本，被日皇授予从五品下的官位，这恐怕是唐朝政府的格外开恩吧。

留学生回国时，不仅带回了自己学得的专业知识，而且带回了大量的典籍和文物。以汉文典籍而论，数量相当惊人。日本延历年间，弘文院藏内外经书数千卷。日本神护景云三年（769），据大宰府报告，府库内藏有五经等书。至于冷泉院收藏的珍贵书籍更是不可胜数。日本清和天皇贞观十七年（875）冷泉院失火，图书受损严重。但是在此次失火后十六年即公元 891 年，据藤原佐世撰成的《日本国见在书目录》记载，日本保存的汉籍数量仍相当可观，计分为"易、诗、乐、孝经、异说、尚书、礼、春秋、论语、小学、正史、杂史、起居注、职官、刑法、土地、簿录、道、名、纵横、农、兵、历数、医方、别集、古史、霸史、旧事、仪注、杂传、谱系、儒、法、墨、杂、小说、天文、五行、楚辞、总集"，共四十家一千五百七十九部一万六千七百九十卷。这些汉籍大部分是遣唐使和留学生、学问僧带回日本的。总之，他们带回的有形的和无形的文化财富，不是用数字可以描述的。唐代著名诗人王维以"虚往实归"四字来形容他们的留学收获是极为贴切的。

唐朝政府对日本留学生的友善政策，为中日文化交流创造了良好氛围。中国各阶层人士与日本留学生平等相待，友好相处，广泛交往，双方结下了深厚的友谊，留下了很多感人的诗篇。沐浴盛唐文化的日本留学生对唐朝政府和中国友人的关怀与帮助也充满了感激之情。公元 804 年（唐德宗贞元二十年，日本桓武天皇延历二十三年），入唐的菅原清公回国时，曾咏一绝："我是东蕃客，怀恩入圣唐。欲归情未尽，别泪湿衣裳。"此诗很好地表达了留学生们的心情。日本留学生与中国官吏、文人、僧侣等各层人士的友好交往已成为中日文化交流史上广为人知的佳话。

留学生回国后，由日本朝廷安排在教育、医药、刑律、艺术等不同部门工作，以便他们能发挥自己的学术和技术特长。但是，由于他们出身门第较低，大都官运不佳，一般只能做做具体的技术性工作。如大和长冈虽然是首屈一指的刑律专家，却只做过正五位下的民部大辅兼坤宫大忠、河内守，以及从四位下的右京大夫，后以年老辞职。日本神护景云二年（768），在元旦贺正宴会上，称德天皇念其年老，诏侍殿上。这时的大和长冈，鬓发未衰，行动麻利，让天皇很感兴趣。天皇垂问道："卿年几许？"大和长冈离席答道："今日方登八十。"天皇感慨不已，亲书位记，授正四位下。大和长冈年及八十，特受恩惠，才得了一个正四位下，可见其仕途并不畅达。橘逸势在唐留学期间就获得了"橘秀才"

的称号，同时他又是赫赫有名的书法家，他的官品也只做到从五位下，死后才追赠从四位下。藤原则雄做了从五位上的刑部大判事、大学头和阴阳头。粟田饱田麻吕留学回国时无位，只授了正六位上，以后做了什么官也不见记载，估计职位更低。擅长医道并做了侍医的菅原梶成是从五位下。阴阳博士春苑玉成更是低至正六位下。其他不知位记、不知姓名的归国留学生的情况则更可想而知了。只有吉备真备一人有幸进入政权核心，得以参与朝廷的决策。豪族门阀的官僚制度，限制了大批学有专长的遣唐留学生发挥他们学得的新知识。还有迹象表明，遣唐留学生在政治上是受排挤的。如上面提到的大和长冈，《续日本纪》在公元760年（唐肃宗上元元年，日本孝谦天皇天平宝字四年）他逝世时，顺便介绍了他的简历，说他"灵龟二年，入唐请益。凝滞之处，多有发明。当时言法令者，就长冈而质之"。承认他"多有发明"，而且是当时首屈一指的刑律权威，但就在他任中央政府的民部大辅兼坤宫大忠的时候，却忽然被外派到地方上去当河内守。据说他在河内守任上"政无仁惠，吏民患之"，于是又稀里糊涂地被解除了职务。所谓"吏民患之"只不过是托词，关键是其他的"吏""患之"。再说，他既然精于刑律吏治，就不大可能把自己治理的那块小地方搞得乱七八糟。后来，他虽又出任右京大夫，但很快"以年老自辞去职"。可是他在八十岁时还是"鬓发未衰，进退无忒"，身体十分健壮。由这些情况判断，他大半时间一直受权门贵族的排挤。还有一位留学生，以"出家"为借口，拒绝了日本朝廷的禄位。由这些事实也可从一个侧面窥知，为什么在全面学习唐帝国的热潮中，科举制度却不能被移植到日本。日本豪门贵族不容许中下级贵族入主大政，大概是重要原因之一。

遣隋和遣唐留学生在日本社会的进步和文化发展上，起过相当重要的作用，他们和日本人民一起，为这个原本落后的岛国的跳跃式发展做出了重大贡献。

埋骨盛唐的留学生

公元 753 年（唐玄宗天宝十二年，日本孝谦天皇天平胜宝五年），唐都长安，一群文人雅客正在举行一场盛大的告别宴会，席间诗人王维举杯长歌道：

> 积水不可极，安知沧海东。
>
> 九州何处远，万里若乘空。
>
> 向国唯看日，归帆但信风。
>
> 鳌身映天黑，鱼眼射波红。
>
> 乡树扶桑外，主人孤岛中。
>
> 别离方异域，音信若为通。

歌罢，转身向邻座一位五十开外的老者长揖一礼："晁衡兄，此去路途遥远，千万多保重。"晁衡亦起身还礼，并回赠一诗：

> 衔命将辞国，非才忝侍臣。
>
> 天中恋明主，海外忆慈亲。
>
> 伏奏违金阙，骖骖去玉津。
>
> 蓬莱乡路远，若木故园林。
>
> 西望怀恩日，东归感义辰。
>
> 平生一宝剑，留赠结交人。

诗人包佶也挥笔赠诗一首：

上才生下国，东海是西邻。

九译蕃君使，千年圣主臣。

野情偏得礼，木性本含真。

锦帆乘风转，金装照地新。

孤城开蜃阁，晓日上朱轮。

早识来朝岁，涂山玉帛均。

包佶把晁衡作为日本天皇的使者、唐玄宗的臣子来描写，赞美他品德高尚、知礼、朴实，一片深情溢于言表，并希望他以后能再次来中国访问。

晁衡正是日本留唐学生阿倍仲麻吕，他要起身前往的，是阔别近四十年的故乡——日本。虽然思乡之情切切，但是要告别自己生活、学习、工作了近四十年的唐长安城，离开眼前这些知音、知己，同样令人那么感伤。

阿倍仲麻吕是公元 717 年（唐玄宗开元五年，日本元正天皇养老元年）随第九批遣唐使来到长安的，同行的还有吉备真备、玄昉等。来到长安后，阿倍仲麻吕进入太学，开始了留学生涯。凭着天资和勤奋，他很快通过科举考试中了进士，并在唐朝廷为官。一个外国人能精通中国的文化知识，并受命于朝廷，一时间被传为佳话。唐玄宗特地召见了这名日本学生，并赐名"晁衡"。唐代当时不仅是封建政治、经济发展的鼎盛时代，也是文学艺术灿烂辉煌的时期。本来就酷爱诗歌的晁衡，来到中国后，更是抓紧一切机会博览群书、舞文弄墨，以提高自己的文学修养。他不仅擅长作汉诗，而且在诗歌鉴赏和品评方面也颇有造诣，所以在唐长安结交了不少著名的诗人。除了前面提到的王维之外，诗人储光羲、赵骅等都曾是他的诗友，这些人赠诗于晁衡，总是赞其才华与风采。

唐玄宗天宝年间，"诗仙"李白曾入长安为官，结识了这位异国文才。两人年纪相仿，品好相投，互钦互慕之情油然而生。可惜两人的交往只不过三四年。此后，李白因得罪杨贵妃、高力士离开长安，再也没有同这位日本友人见面。

晁衡久居长安，思乡之情与日俱增。他曾于公元 733 年（唐玄宗开元二十一年，日本圣武天皇天平五年）请求随多治比广成率领的遣唐使团回国，但是没有获准。唐玄宗很器重这位日本学子，对他眷宠有加，因而不舍得他离去。直到公元 752 年（唐玄宗天宝十一年，日本孝谦天皇天平胜宝四年），以藤原清河为大使的第十一次遣唐使团入唐，年过半百的晁衡再次上表请求还乡，唐玄宗无奈，只得准奏，并加封他为银青光禄大夫，作为唐朝的答聘使随日本使团回国。日本《延历僧录》中还收录了唐玄宗赠别晁衡的御诗："日下非殊俗，天中嘉会朝。念余怀义远，矜尔畏途遥。涨海宽秋月，归帆驶夕飙。因惊彼君子，王化远昭昭。"

辞别了唐玄宗，晁衡又与诗友们饮宴道别，于是就有了开篇的那一幕。晁衡一行道经苏州，再往日本。不幸中途遇上风暴，晁衡和藤原清河所乘之船被风吹散，下落不明。一时间唐朝上下盛传他们的死讯。正在四方云游的李白，听到故交的噩耗，悲痛不已，写下了著名诗篇——《哭晁卿衡》：

日本晁卿辞帝都，征帆一片绕蓬壶。

明月不归沉碧海，白云愁色满苍梧。

然而传闻有误，晁衡居然大难不死，漂流到了越南海岸，与藤原清河等人侥幸躲过当地土著人的劫杀，又辗转回到长安。此后，他又在唐肃宗、唐代宗朝中任职。七十三岁高龄时，客死长

— 174 —

安，埋骨大唐，终究没能回到故国。唐代宗为了表彰他的功绩，追赠他为潞州大都督。公元 836 年（唐文宗开成元年，日本仁明天皇承和三年），仁明天皇颁布诏书："身涉鲸波，业成麟角，词峰耸峻，学海扬漪，显位斯升，英声已播。"给阿倍仲麻吕以极高的评价，并追赠他正二位的官阶。

晁衡作为一名遣唐留学生，一生钻研中国文化，饱读诗书，虽然最终未能回去报效祖国，但他的经历反映了盛唐时期日本人对中国文化的执着追求。晁衡是日本人学习、研究、仰慕中国文化的典范，他与中国诗人的友好情谊，在中日两国文学史上留下了珍贵的一页。

阿倍仲麻吕画像

西安兴庆公园内的阿倍仲麻吕纪念碑

神秘的留学生井真成

在西北大学历史博物馆内珍藏着一方唐代墓志，志盖俱全，题为"赠尚衣奉御井府君墓志之铭"。这块青玉石墓志吸引着世人的目光。作为遣唐使团中的一员，井真成身逝长安，心系日本，形埋异土，魂归故乡。看着墓志，让人不禁想起日本无数遣唐使如鸟斯飞，驰骋上国的历史，也仿佛又看到了唐玄宗接见遣唐使节的盛大场面。

井真成墓碑由青灰色花岗岩石制成,外形为方形,通高约四十厘米,未见碑座。碑上有阴刻的文字,碑冠有十二个篆书文字:赠尚衣奉御井府君墓志之铭。碑文则为楷书。赠尚衣奉御井公墓志文并序,一共一百七十一字。志文内容如下:

赠尚衣奉御井公墓志文并序

公姓井,字真成。国号日本,才称天纵,故能衔命远邦,驰骋上国。蹈礼乐袭衣冠,束带立朝,难与俦矣。

岂图强学不倦,问道未终,壑遇移舟,隙逢奔驷。以开元廿二年正月六日,乃终于官弟,春秋卅六。□□□(碑文空三字)皇上哀伤,追崇有典,诏赠尚衣奉御,葬令官给。即以其年二月四日,窆于万年县浐水东原,礼也。

呜呼!素车晓引,丹旐行哀。嗟远兮颓暮日,指穷郊兮悲夜台。其辞曰:□(碑文空一字)乃天常,哀兹远方;形既埋于异土,魂庶归于故乡。

唐玄宗开元五年(717),十九岁的井真成随第九次遣唐使团来到唐长安。这次遣唐押使是多治比县守,大使为大伴山守,副使是藤原马养,人数为五百五十七人。随这批遣唐使团来到唐朝的留学生、学问僧可谓人才济济,除井真成外还有阿倍仲麻吕、吉备真备、大和长冈和玄昉等人。来到长安后,唐朝政府设盛宴款待远使。宴后,日本使节提出要拜谒长安的孔子庙堂并礼拜长安的各大寺院、道观。这一要求得到唐玄宗的允准,唐玄宗还派了金吾将士为他们防护守卫以壮其行,也准许遣唐使团成员入市购物。这次拜谒对日本使节震撼极大,使他们领略到了大唐的礼仪文化。

遣唐留学生来到长安后，要根据学识和门第的高低，依次进入国子学和四门学学习。唐朝政府规定入太学者，必须是五品以上门第出身；入四门学者，必须是七品以上门第出身。阿倍仲麻吕的父亲官居中务大辅（相当于正五品），所以可以进国子监读书。吉备真备的父亲只是七品以下右卫士少尉小官，所以无法进入太学，但是他有幸拜谒到四门学教授赵玄默的门下学习。由此来看，井真成也该是名门之后，即使他无法进入太学读书，至少也能拜太学的教授为师。

井真成天资聪颖，才思敏捷，饱读经书，入唐近二十年，唐朝的文明礼制感染着他，其间他曾入仕为官，"束带立朝"。

根据墓志的记载，井真成于公元 734 年（唐玄宗开元二十二年，日本圣武天皇天平六年）正月逝世于长安，年仅三十六岁。使命未终却英年早逝，井真成还无法用所学的大唐礼乐为国效力，就带着莫大的遗憾离开了这个世界，这样的结果对于他来说是十分不幸的。但幸运的是，这方墓志见证了遣唐使时代悲壮激昂的历史，见证了中日两国人民友好交往的历程。所以日中友好协会原会长、日本著名画家平山郁夫先生曾说，这方墓碑，不啻是日中两国友好交往的历史印证，也是今天日中友好的榜样。它的发现，具有重要的历史意义和现实意义。

井真成墓志盖

井真成墓志

长安娶妻——遣唐使的跨国婚姻

打开世界地图，拂去历史尘埃，但见中华民族的足迹密布于东亚，然后涉广漠，漂大洋，翻高山，越深壑，辐射于地球各处。我们的祖先富有坚忍的冒险精神和禀赋灵活的适应本能，他们每到一处，不但积极传播他们所创造的文明，同时也积极地吸收土著文化，在新天地中充分施展自己的才华。中国人与外来民族通婚，既是异族之间交融的形式，也是与外来文化趋向亲和的结果。在这一过程中，一群特殊的人物诞生了，他们不仅继承了父母双方的血统，更主要的是兼容两种文化的特长，这便是"混血儿"。隋唐时期，中日两国人员往来频繁，使节、僧侣、留学生等成为这种交往的主角。由于混血儿的前提是国际通婚，所以那些负笈外游的学子、去而复返的使节便成为我们讨论的主要对象。

唐日国际婚姻

日本自公元 630 年（唐太宗贞观四年，日本舒明天皇二年）派遣第一批遣唐使，至公元 895 年（唐昭宗乾宁二年，日本宇多天皇宽平七年）停废此制，其间约二百六十年，共任命遣唐使十九批，实际成行十六批。遣唐使团一般由二至四船组成，每船百余人，累计到达中国的有五千余人。据《延喜式》载，遣唐使成员由大使、副使、判官、录事这四等官员主事，知乘船事、译语、主神、医师、阴阳师、史生、射手、船师、音声长、卜部、水手长等各司其职，此外尚有人数不等的留学生（学问僧）和请益生（僧）随行。

在这些人员中，绝大部分随船而返，唯有留学生、学问僧长期滞唐，等到下次使节入唐（一般需要二十年时间）才得回国，因此他们与唐人通婚的概率比较高。从实例分析来看，通婚与入唐时的身份似乎并无多大关系，留居海外的时间长短才是决定性因素。

如留学生高广成，与当地女子结婚，生有一男一女。随同留学生阿倍仲麻吕入唐的傔人羽栗吉麻吕，在长安与唐女成婚生下两子。辨正虽然身为学问僧，但在长安还俗成家，生下秦朝元、秦朝庆兄弟。藤原清河位居遣唐大使，归船遭遇风暴漂到今越南一带，获救后仕唐终生，喜娘便是他与唐妻所生之女。娶唐人李自然为妻的大春日净足，入唐年次虽然无从考证，但推测其也有长期滞唐的经历。

唐代对外开放，长安是政治中心，居住着许多外国人，他（她）们与当地汉族杂居，也就自然会出现通婚现象。如陈鸿在

《东城老父传》中借贾昌之口谏言："今北胡与京师杂处，娶妻生子，长安中少年有胡心矣。"又如《资治通鉴》第二百三十二卷（唐纪四十八）条记载：

> 李泌知胡客留长安久者，或四十余年，皆有妻子，买田宅，举质取利，安居不欲归。命检括胡客有田宅者，停其给，凡得四千人。将停其给，胡客皆诣政府诉之。泌曰："此皆从来宰相之过，岂有外国朝贡使者，留京师数十年不听归乎？今当假道于回纥，或自海道各遣归国。有不愿归，当于鸿胪自陈，授以职位，给俸禄，为唐臣。人生当乘时展用，岂可终身客死邪？"于是胡客无一人愿归者，泌皆分隶神策两军，王子使者为散兵马使或押牙，余皆为卒，禁旅益壮。鸿胪所给胡客才十余人，岁省度支钱五十万缗，市人皆喜。

唐朝政府虽然严禁商人、僧侣私自出境（如玄奘、鉴真等均属偷渡出境），但对国际婚姻却持开放、宽容的态度。《唐会要》卷一百中有一条唐太宗于贞观二年（628）六月十六日发布的诏令："敕诸蕃使人所娶得汉妇女为妾者，并不得将还蕃。"意思是说外国使臣可以娶汉人为妻妾，但不允许带她们出境。来到唐朝的日本遣唐使成员，与唐人结婚的史事散见于中日两国的相关文献，除了上面提到的事例之外，譬如阿倍仲麻吕，作为中日友好的象征而广为人知，他从十七岁入唐至七十三岁去世，在中国生活了五十余年，然而史书一字未提他的婚姻问题。我们从储光羲、王维的诗，并结合《续日本纪》的相关记载，可断定他与唐人结婚并有子女。与圆仁同时入唐的圆载，在唐留学亦达五十余年，会昌年间还俗结婚并生儿育女。唐宣宗大中七年（853），同门圆珍入唐，在国清寺与圆载相见，得知圆载还俗娶妻之事，曾在日记中多次骂他为"乡贼""鬼贼"。

唐代中日之间不仅有通婚，还有把妻子、儿女带回日本的。比较典型的例子是公元 838 年（唐文宗开成三年，日本仁明天皇承和五年）入唐的遣唐使判官藤原贞敏。据《日本三代实录》记载，藤原贞敏在上都（长安）与琵琶师刘二郎邂逅，以黄金二百两入门求学数月，习得妙曲并获赠曲谱数十卷，后与精通琵琶、古筝演奏的刘二郎之女刘娘结婚，回到日本后成为一代琵琶宗师。他从中国带回的紫檀琵琶，现在依然保存在奈良的正仓院中，刘娘则被奉为日本的秦筝之祖。

唐代中日之间的通婚并非单行轨道，日本人来唐朝娶妻虽是主流，但也有唐人赴日成婚的。日本圣武天皇天平七年（735）移居日本的袁晋卿，《续日本纪》卷三十五宝龟九年（778）十二月十八日条说，他"时年十八九，学得《文选》《尔雅》音，为大学音博士"，其后结婚（妻子当为日本人），至少育有九子一女。九子分别与日本人通婚，女儿则与日本天平宝字四年（760）奉使来日的袁常照结婚。《日本后纪》卷十三桓武天皇延历二十四年（805）十一月十九日条云：

> 左京人正七位下净村宿祢源言：父赐禄袁常照，以去天平宝字四年奉使入朝。幸沐恩渥，遂为皇民。其后不幸，永背圣世。源等早为孤露，无复所恃。外祖父故从五位上净村宿祢晋卿养而为子，依去延历十八年三月廿二日格，首露已讫。傥有天恩，无追位记，自天佑之，欣幸何言。但赐姓正物，国之征章，伏请改姓名，为春科宿祢道直。许之。

如果净村宿祢源的母亲是袁晋卿与日本女子所生，那他身上至少有四分之一的日本血统。其父袁常照早逝，外祖父过世不久（倘若在世，则已八十八岁），因此上表请求承袭外祖父的位阶，朝廷许之，这说明对混血后代颇多眷顾。

国际婚姻的结果是产生一批混血儿，唐代中日之间的通婚也造就了一个混血儿群体。有趣的是，留在唐朝的混血儿几乎销声匿迹，而回到日本的却大多名垂青史。

《日本书纪》称混血儿为"倭种"，这一称呼本身暗示了混血儿国籍的归属，在儒学盛行的东亚地域，混血儿的国籍习惯上从父。这些混血儿在中国接受教育，回到日本后大多受到朝廷重用，甚至作为遣唐使再度被派遣入唐。这样一个独特的混血儿群体同样为中日两国的文化交流做出了重要贡献。

藤原贞敏画像（载于《先贤故事》）

美丽的大唐女子

辨正与秦朝元

公元 653 年（唐高宗永徽四年，日本孝德天皇白雉四年），第二次遣唐使团的船队离开筑紫，扬帆出海。搭乘此船的学问僧辨正，俗姓秦氏，他大概是中国移民的后裔，言谈举止颇不类于刻板的同行。《怀风藻》说他"性滑稽，善谈论"，少年剃度出家，精通道家玄学，热衷于博戏，是一位身怀绝技的围棋高手。

辨正入唐时，李隆基因尚未登基而过着悠闲的生活。李隆基亦好博戏，闻辨正有"善弈"之名，惊讶东夷之地竟有此奇才，即时将其唤入宫中。辨正受到唐朝皇子的宠遇，出入禁宫，结交权贵，从此再也无心诵佛念经，不久还俗，在长安娶妻，生了两个儿子，长子名秦朝庆，次子名秦朝元，俱用父亲出家前的秦姓。

台北大学李嘉先生写过一篇名为《和唐明皇对局的日本棋士》的文章，内载："日本宫廷派往大陆的遣唐使团中，甚至往往附随有日本的围棋名手作为随员，到长安与唐代的中国名手较量，其中最有名的外交棋师，是一位叫辨正的日本和尚。辨正还俗后生有两个儿子，长子朝庆早死，次子朝元回国后继承父志，于日本天平年间（729—748）作为遣唐使来到中国长安。传说他以文才见称，而唐明皇念与他父亲有对弈之缘，特别召见他，拜他为入唐判官。"

据《怀风藻》补注，秦朝元是在公元718年（唐玄宗开元六年，日本元正天皇养老二年）十月，随第九次遣唐使团东渡日本，翌年四月天皇赐姓忌寸。从辨正入唐的年次推算，秦朝元初抵日本时还是不满二十岁的青年。因为辨正在唐期间身份特殊，所以其子朝元自幼过着富裕的生活，也受到了良好的教育。当朝元将所习得的专业知识携往日本后，备受日本朝廷青睐。这从《续日本纪》可见一斑：

> 养老三年（719）四月，赐姓忌寸。养老五年（721）
> 正月，因通医术而受赏赐，时位在从六位下。天平二年
> （730）三月，敕准教授汉语，限收弟子两名。天平三年

（731）正月，从正六位上叙升外从五位下。天平七年（735）四月，位迁外从五位上。天平九年（737）十二月，任图书头。天平十八年（746）三月，任主计头。

大约三十年间，秦朝元凭借其在中国学到的技艺和掌握的知识，受到日本朝廷的重用，他不仅以医术高明著称，并且在教授汉语方面亦发挥出混血儿的优势。日本天圣武天皇天平九年（737）以后，先后主管日本中务省所属的图书寮和民部省所属的主计寮。

秦朝元东渡之时，他尚是位涉世未深的青年人，还称不上是一位学养丰厚的学者，但在崇尚唐文化的奈良时代，唐人血统本身就是高贵的标志，精通汉语则更是令人敬佩。秦朝元得以在日本一展宏图、大显才华，一方面是唐日文明落差所致，另一方面则是两国关系密切使然。

秦朝元于东渡次年被天皇赐姓忌寸，此姓在天武天皇制定的"八色之姓"（分别为真人、朝臣、宿祢、忌寸、道师、臣、连、稻置八等，是以各姓祖先与皇室关系的亲疏而定）中位居第四，专门授予外国移民，在贵族中是个分量很重的等次。这种声望和地位，使他能与一流的贵族文人交往，日本文献《万叶集》中的一段记事可以为证。

日本圣武天皇天平十八年（746）正月，天降大雪，厚积数寸，以左大臣橘宿祢为首的诸王诸卿，聚赴太上天皇（元正天皇）御所请安，太上天皇赐以酒宴，命诸王卿赋诗助兴。橘宿祢率先咏道："从天降白雪，白发仕天皇。投老蒙恩宠，光荣又吉祥。"纪朝臣清人、纪朝臣男梶、葛井连诸会、大伴宿祢家持等名流遂起而应之。另有十八名侍宴公卿和歌传世，他们是藤原丰成朝臣、巨势奈底麻吕朝臣、大伴牛养宿祢、藤原仲麻吕朝臣、三原王、智努王、船王、邑知王、山田王、林王、穗积朝臣老、小田朝臣诸人、小野朝臣纲手、高桥朝臣国足、太朝臣德太理、高岳连河内、秦忌寸朝元、蜻原造东人。从这里可看到，秦朝元赫然在列。

在秦朝元东渡十五年后，他被选为遣唐使判官，终于盼到了重履长安的机会。公元 732 年（日本圣武天皇天平四年）八月，天皇任命多治比广成为大使，中臣名代为副使，秦朝元、平群广成、田口养年富、纪马主四人为入唐判官，组成第十次遣唐使团。次年四月，遣唐使团一行五百九十四人分乘四船，自难波起航，同年八月漂抵唐苏州境内。

第十次遣唐使团在中日关系史上具有重大意义。比如，唐僧道璇、婆罗门僧正菩提、林邑僧佛哲等搭乘归舶东渡，成为奈良佛教的巨擘。遣唐使之所以能获得如此成功，恐怕不能忽略秦朝元的幕后工作，他出生在中国，移民日本，既掌握两国语言，又了解双方文化，是一个不可多得的外交人才，对遣唐使在长安开展活动、履行职责，做出了很多贡献。《怀风藻》说："到大唐见天子，天子以其父故，特优诏厚赏赐。"这说明混血儿在唐朝长安有种种社会关系，颇利于遣唐使团与唐朝政府乃至民间的交往。这也是混血儿频频入选使团成员的主要原因。

秦朝元入唐时，父亲辨正已去世，虽然受到唐玄宗的优赏厚赐，但回到阔别十五年的故土，竟未能合家团聚，其心情之悲戚可以想见。另一方面，辨正身在长安而心驰故乡，秦朝元赴日时他还健在，对骨肉的思念必定与日俱增。辨正所咏《在唐忆本土》五言绝句，真实地流露出国际婚姻所造成的复杂情感和矛盾心态：

日边瞻日本，云里望云端。

远游劳远国，长恨苦长安。

《怀风藻》还收录辨正的《与朝主人》诗一首，其也是借题倾吐思乡之情：

> 钟鼓沸城阃，戎蕃预国亲。
>
> 神明今汉主，柔远静胡尘。
>
> 琴歌马上怨，杨柳曲中春。
>
> 唯有关山月，偏迎北塞人。

公元 734 年（唐玄宗开元二十二年，日本圣武天皇天平六年）十月，遣唐使团一行从苏州解缆归国，途中遭遇风暴，四船遇难，只有秦朝元所乘第一船于同年十一月漂到多祢岛。次年四月，秦朝元从外从五位下晋升至外从五位上，这是日本朝廷对他圆满完成使命的嘉奖。

秦朝元略年表

时　　间	事　迹	年　龄
养老二年（718）	十月，随第九次遣唐使团到达日本	十二岁
养老三年（719）	四月，赐姓忌寸	十三岁
养老五年（721）	正月，因医术而受朝廷优赏，时从六位下	十五岁
天平二年（730）	三月，为传授汉语，敕准招弟子两名	二十四岁
天平三年（731）	正月，从正六位上升至外从五位下	二十五岁
天平四年（732）	八月，出任第十次入唐判官	二十六岁
天平五年（733）	八月，遣唐使船漂至苏州沿岸	二十七岁
天平六年（734）	四月，随大使进长安，谒见玄宗时，因父亲（辨正）之故而受优赏。十一月，踏上归途	二十八岁
天平七年（735）	四月，进外从五位上	二十九岁
天平九年（737）	十二月，任图书头	三十一岁
天平十八年（746）	正月，太上天皇命咏和歌，无法应命而献麝香以免。三月，任主计头	四十岁

羽栗吉麻吕和羽栗翼

与秦氏兄弟相比，羽栗兄弟在中日关系史上贡献更大。兄弟两人由父亲带回日本，后来又先后作为遣唐使团要员入华，将混血儿的优势发挥得淋漓尽致，堪称名副其实的历史幸运儿。

公元 717 年（唐玄宗开元五年，日本元正天皇养老元年），阿倍仲麻吕随第九次遣唐使团来到长安。根据《延喜大藏式》的规定，凡留学生和学问僧，均可以官费携僳人（侍从）数名。跟随阿倍仲麻吕入唐的僳人，名叫羽栗吉麻吕，入唐第二年便与长安女子成婚，生有两子，即羽栗翼与羽栗翔。

滞留唐十八年后，羽栗吉麻吕搭乘第十次遣唐使团的归船，于公元 734 年（唐玄宗开元二十二年，日本圣武天皇天平六年）回到日本。羽栗吉麻吕与长安女子所生的长子羽栗翼随父同行，时年十六岁。以此推算，羽栗翼当出生在公元 719 年（唐玄宗开元七年，日本元正天皇养老三年）。

《续日本纪》中记载了羽栗翼回归日本后的任官和授位情况：

宝龟六年（775）六月，拜遣唐录事。宝龟六年（775）八月，升任遣唐准判官，从正七位上进至外从五位下。宝龟七年（776）三月，历大外记，兼敕旨大丞。宝龟七年（776）八月，天皇赐以臣姓。宝龟十年（779）十月，授从五位下。延历元年（782）二月，补丹波介。延历四年（785）八月，进从五位上。延历五年（786）七月，任内药正兼侍医。延历七年（788）三月，迁左京

亮，内药正侍医如故。延历八年（789）二月，兼内藏

助。延历九年（790）二月，叙正五位上。

公元 777 年（唐代宗大历十二年，日本光仁天皇宝龟八年），羽栗翼随第十五次遣唐大使小野石根入唐。使团从筑紫出发，四只船中的三只船于七月到达扬州，唯第四只船直到八月才漂抵楚州境内。

这次赴唐，羽栗翼随身携带了一块颇为奇特的矿石，希望在中国揭开其中的奥秘。事情的来龙去脉是这样的：大约在公元 766 年（日本称德天皇天平神护二年）七月，一位名叫昆解宫成的下级官吏，从丹波国天田郡（今日本京都府绫部市一带）获得一种酷似"白镴"（白镴是锡与铅的合金，熔点较低，可以制器）之物，声称将之合入矿物铸造器皿，功能不亚于"唐锡"，并使用"偷梁换柱"的手法，把一面真白镴铸成的铜镜献给朝廷，以证所言非虚。昆解宫成由于发现了可以取代进口唐锡的矿石，因功自散位从七位上一跃升至外从五位下。然而，朝廷采矿，依法铸造，谁知却失败了，于是便有人怀疑昆解宫成所奏有诈。由于日本缺乏必要的检测手段和矿物知识，这场真假"白镴"的公案竟悬而未决。羽栗翼入唐时携带的正是这种形似"白镴"的矿物，以便请中国工匠做出权威性鉴定。公元 777 年（唐代宗大历十二年，日本光仁天皇宝龟八年）遣唐使船抵达扬州，羽栗翼便委托当地铸工鉴定所携矿物。可以想象，携带矿物请唐人鉴定，绝不会仅仅出于个人兴趣，入唐前羽栗翼任敕旨大丞，矿物鉴定应是其分内使命之一。

第十五次遣唐使团抵达唐境后，按唐朝的规定，选出大使以下四十三人组成晋京使团。使团于公元 778 年（唐代宗大历十三年，日本光仁天皇宝龟九年）正月十三日到达长安，十五日赴大明宫进献贡品。这一天唐代宗没有上朝，小野石根一行是在三月二十二日再次拜朝时谒见唐代宗的。完成使命的遣唐使团，于六月返回扬州，九月踏上归途，在经历难以想象的危险和困难之后，四艘船先后于十月和十一月漂回日本。

对羽栗翼来说，此次入唐意味着回到阔别四十三年的又一故乡。在唐一年时间里，他目睹了故国日新月异的巨大变化。作为使团的重要成员，在执行繁忙的公务之余，他必定会倾注全力汲取各方面的新知识，并将之携回日本传播。羽栗翼回到日本之后，在医学方面显示出特有的才华。《续日本纪》天应元年（781）六月二十五日条载："遣从五位下敕旨大丞羽栗臣翼于难波，令炼朴消。""朴消"即"朴硝"，能用于鞣制毛皮，亦可入药，为清肠利便之良药。羽栗翼炼制朴硝，运用自唐习得的方法，目的是为了药用。数年之后，羽栗翼升任内药正兼侍医，成为中务省所属内药司的统领，并兼任皇室御医之职，可以称得上是当时日本医学界的权威。

羽栗翼入唐的另一项收获，是将新的唐历带回日本。在古代的东亚文化圈内，周边国家使用中国的历法，即意味着奉中华之正朔，具有重大政治意义。王维《送秘书晁监还日本国》诗序云："海东国日本为大，服圣之训，有君子之风。正朔本乎夏时，衣裳同乎汉制。"在唐人看来，奉夏历为正朔，正是"君子之国"的象征。

　　中国历法最初是经朝鲜传入日本的，据《日本书纪》载："持统四年（690）二月二日始用《元嘉历》和《仪凤历》。"《元嘉历》，是南朝宋元嘉年间（424－453）所定的历法；《仪凤历》则是唐高宗麟德元年（664）颁布的历本，一般称《麟德历》，但因为在仪凤年间（676－678）传入日本，所以在日本习称《仪凤历》。日本淳仁天皇天平宝字七年（763）八月十八日，淳仁天皇敕令废止沿用了七十三年的《仪凤历》，改行《大衍历》（亦作《开元大衍历》）。

　　《大衍历》是唐僧一行总结前人的历算经验并吸收最新的天文观测结果后编制而成的，唐玄宗开元十六年（728）始行于天下。那时候，吉备真备正在长安留学，日本圣武天皇天平七年（735）回国后，向日本朝廷献《大衍历经》一卷、《大衍历立成》十二卷、测影铁尺一把等。

　　《大衍历》在中国使用的时间不长。羽栗翼入唐时，已是唐代宗在位，唐朝新颁《宝应五纪历经》（略称《五纪历》）。羽栗翼将之带回，于两年后的宝龟十一年（780）献呈朝廷，奏云："大唐今停《大衍历》，唯用此经。"言外之意即建议朝廷更换旧历。朝廷从其所奏，翌年即天应元年（781）敕令依照唐朝新历重新造历，可惜当时无人通解新历，所以只能继续沿用旧本《大衍历》。

　　在中国历法东传史上，羽栗翼携归的《五纪历》虽然仅使用了四年，但在《大衍历》与《宣明历》的交替时期，起到了承上启下的过渡作用，其历史意义不可低估。羽栗翼在输入唐文化方面功绩卓著，备受奈良朝廷的尊崇，晚年甚至敕准乘车出入皇宫，其地位之尊在中日混血儿中极为罕见。

羽栗翼略年表

时　间	事　迹	年　龄
养老三年（719）	是年，出生于长安	一岁
天平六年（734）	是年，随父回到日本	十六岁
？	出家为僧，旋因学业优秀奉敕还俗，开始踏上仕途	十七至五十六岁
宝龟六年（775）	是年，入选遣唐使，任录事，后升准判官	五十七岁
宝龟七年（776）	三月，任大外记兼敕旨大丞。八月，赐"臣"姓，时外从五位下	五十八岁
宝龟十一年（780）	是年，向朝廷献呈自唐携归的《五纪历》，建议改用新历；奉敕赴大阪制"朴消"（中药）	六十二岁
延历元年（782）	是年，任丹波介	六十四岁
延历五年（786）	是年，因精通《本草》，擢升内药正兼侍医	六十八岁
延历七年（788）	是年，拜左京亮	七十岁
延历八年（789）	是年，任内藏助，兼敕旨所助	七十一岁
延历十七年（798）	五月，卒。时正五位上	八十岁

藤原清河与喜娘

　　第十一次遣唐大使藤原清河在长安与唐朝女子结婚，应该说是一件很平常的事情。他们婚后不久就生下了一个女儿，取名为喜娘。这个名字，表现出年过花甲才有了子女的藤原清河那种无限喜悦的心情。在壮观的宅邸里，不用说肯定是仆从众多、侍者成群。即使比不上阿倍仲麻吕的职位，藤原清河也做了秘书监这样的高官，再加上心爱女儿的诞生，这使得他回归日本的想法日益淡漠，他开始考虑在中国长住下去。

公元 770 年（唐代宗大历五年，日本光仁天皇宝龟元年），七十三岁的藤原清河去世，唐朝追赠他为潞州大都督，此时喜娘年仅七岁。随着年龄的增长，到父亲的国家日本去看一看的愿望在喜娘的心中与日俱增，她已打定主意，不惜一切代价也要到父亲的家乡看一看。

公元 770 年（唐代宗大历五年，日本光仁天皇宝龟元年），光仁天皇即位后不久，要求派出遣唐使的呼声纷纷涌向奈良朝廷。于是，光仁天皇于公元 775 年（唐代宗大历十年，日本光仁天皇宝龟六年）任命了大使、副使。大使为督造东大寺的负责人佐伯今毛人，副使为藤原鹰取（藤原清河的侄子）、大伴益立。天皇向大使授予了节刀，并向仍在唐朝长安的藤原清河发出了诏书。当时日本天皇并不知道藤原清河早已不在人世了。

四艘遣唐使船从难波（今大阪）出航，经过博多湾的大津，停泊在五岛列岛的中通岛，这是公元 776 年（唐代宗大历十一年，日本光仁天皇宝龟七年）夏天的事情。虽然遇到了持续的好天气，但大使佐伯今毛人却一直不下达出发的命令。对于可能遭遇的海难，佐伯大使总是胆战心惊，向朝廷发出了"遇到连续逆风，希望延期到明年夏季"的请求，并得到了批准。可是还没等到第二年，在当年的十一月，佐伯大使就回到了都城，他以身患疾病为由，把节刀返还给了天皇。

第二年，即公元 777 年（唐代宗大历十二年，日本光仁天皇宝龟八年）六月，在没有大使的情况下，遣唐使团仅由新任的两名副使小野石根和大神末足率领，踏上了征途。七月三日，四艘使船平安到达扬州海陵县。当来到长安城外时，已经是翌年的正月十三日了，即唐大历十三年，日本宝龟九年。

遣唐使一行被安排在皇城外面的客舍里。唐朝同时任命了专门的接待使对其予以热情接待，并排好了各种活动的日程，预定在三月二十二日由唐代宗在延英殿接见，接着在宫内举行欢迎宴会。使团一行得知藤原清河早在多年前就已去世的消息时，都感叹不已。副使小野石根遂把日本天皇的诏书交给喜娘的母亲。据《续日本纪》载，天皇敕藤原清河书曰："汝奉使绝域，久经新序，忠诚远著，消息有闻。故今回聘使，便命迎之。仍赐绝一百匹、细布一百端、砂金大一百两。宜能努力，共使归朝。相见非赊，指不多及。"此时，年已十三岁的喜娘不忘父亲的遗愿，向小野石根说出了自己决心不惜一切东渡日本的想法。唐代宗得知后，很是赞赏，命令聘唐使赵宝英等护送遣唐使返日，照顾喜娘的安全，并带着礼品启程。

使团在完成晋京使命之后，于同年六月到达扬州，唐朝派赵宝英等数十人护送，待得顺风后，四只船分别从扬州、楚州和苏州入海，踏上九死一生的艰难险途。泊在扬州海陵县的第三只船，九月九日得风入海，仅行三日便遭遇逆风，船被吹到海边搁浅，损坏十分严重，经极力抢修，于十月十六日再度出海，七天后侥幸漂到肥前国松浦郡橘浦。

从苏州入海的第一、第二只船，先后于十一月漂回日本。第四只船从楚州盐城起帆，遭遇暴风漂至耽罗岛，判官海上三狩等不幸被岛人杀死，仅录事韩国源率四十余人逃脱归日。

在上述四只船中，搭载唐使赵宝英和喜娘的第一只船的遭遇最为悲惨，副使小野石根等三十八人和唐使赵宝英等二十五人皆葬身海底，船体断为首尾两截，喜娘等在海上漂流六天，幸被海浪冲到肥后国天草郡西仲岛。《续日本纪》宝龟九年（778）十一月条具载甚详："第一舶遭飓船坏，舳（船尾）舻（船头）断为二。石根、宝英等六十三人皆溺。判官大伴继人爬到船尾部。十一日五更，帆樯倒于船底，断为两段，舳舻各去，未知所到，四十余人累居方丈之舳……脱却衣服，裸身悬坐，米水不入口已经六日。十三日，船尾终于漂到日本天草郡西仲岛，喜娘与大伴继人等三十一人九死一生，爬到岸上。"

在《续日本纪》的宝龟九年（778）十一月十三日这一天的记载中，也写了这件事："前入唐大使藤原清河之女喜娘等三十一人，乘船至肥后国天草郡。"

初次踏上父亲家乡的喜娘，她的兴奋和喜悦是难以言表的。他们在太宰府恢复健康后，很快就从陆路沿濑户内海北岸前往奈良。公元779年（唐代宗大历十四年，日本光仁天皇宝龟十年）早春时节，一行人到达了奈良。喜娘到达奈良后不久，父亲藤原清河的勋位就加升了两级，藤原家族再次成为朝廷的实力派。自然，喜娘受到了藤原家族的热情款待。由于唐朝大使赵宝英海上遇难，由判官孙兴进代行其职。因遣唐持节副使小野石根也同时遇难，于是遣唐判官小野滋野于"十月，至肥前橘浦，归报情事，且请接待送使之仪，乃遣左少辨藤原鹰取等迎劳之"。这个负责迎宾的藤原鹰取便是喜娘的堂兄。早在五月十七日，天皇就在皇宫中举行了正式的欢迎会，天皇和贵族都出席了。五月二十五日又举行了盛大的告别宴会，并向唐使赠送了许多土特产作为礼物。为了送他们回国，还专门给他们造好了船只。

《古代中日关系史》中对喜娘回国后的情况有如下记载："混血少女喜娘，继父之志，束装东渡，历尽风涛之险，终于如愿以偿；入京之日，满城沸腾，藤原氏一族激动不已，观者无不钦佩感叹……喜娘的壮举，创造了古代中日关系史上的一大奇迹。她是古代中日关系史上见于记载的少数几位踏波渡海的女性之一。"

五月二十七日，勇敢美丽的混血姑娘喜娘登上了从难波起航的船只，满怀着对父亲故乡的无限眷恋，挥手告别，随唐朝使者一起平安地回到了中国。

混血儿的悲剧

遣唐使由于多种原因不能回国，长期居留长安，便有人娶妻生子，这种"国际婚姻"在悲欢离合中难免不产生悲剧。

混血儿身上的悲剧，主要有两种情况，一是丈夫与怀孕的妻子离别回国，孩子出生后妻子盼夫不归，遂等孩子长大后越海寻亲；二是因为政治或文化冲突，混血儿成为牺牲品。

对于中日混血儿这一特殊群体来说，一些悲剧会突如其来地降临在他们身上。如混血儿韩智兴、赵元宝，他们随遣唐使来到长安，参加了皇帝的接见仪式。当时正值唐朝用兵朝鲜半岛，即唐与新罗联手，百济与倭结盟，两方四国发生军事冲突。

据《日本书纪》记载，唐朝发现遣唐使窃取了军事情报，遂将他们扣留起来。此时，遣唐使采取弃卒保帅的策略，将罪状全部推给两位混血儿——韩智兴和赵元宝，结果两人被判流放三千里。韩智兴的傔人回到日本后向天皇申诉，遣唐使官员因而受到惩罚，这也说明韩智兴和赵元宝是被陷害的。《日本书纪》卷二十六齐明天皇七年（661）五月二十三日条引《伊吉连博德书》："又为智兴傔人东汉草直足岛所谗，使人等不蒙宠命。使人等怨彻于上天之神，震死足岛。时人称曰：'大倭天报之近！'"

在此前后，另一位留学僧智藏来到唐学习三论宗。他是吴人福亮赴日后与熊凝氏联姻所生，由于通解方言、学业优秀，加之当时唐日对抗的国际背景，一起赴唐留学的日本人视其为眼中钉，计划把他暗杀。智藏觉察后假扮疯子，晚上抄写经书不误学习，白天把经书藏入密封的木筒里，扛上肩头在风雨中奔跑，才终于逃过一劫。直到回国殿试时，他才敢吐露真相，天皇任命他为僧官中最高的僧正。他还被尊为日本三论宗的第二祖。《怀风藻》智藏传记载：

> 智藏师者，俗姓禾田氏。淡海帝世，遣学唐国。时吴越之间，有高学尼。法师就尼受业，六七年中，学业颖秀。同伴僧等颇有忌害之心。法师察之，计全躯之方。遂被发佯狂，奔荡道路。密写三藏要义，盛以木筒，着漆密封，负担游行。同伴轻蔑，以为鬼狂，遂不为害。太后天皇世，师向本朝。同伴登陆，曝凉经书，法师开襟对风曰："我亦曝凉经典之奥义。"众皆嗤笑，以为妖言。临于试业，升座敷衍。辞义峻远，音词雅丽。论虽

蜂起，应对如流，皆屈服莫不惊骇。帝嘉之，拜僧正。

时岁七十三。

混血儿的不幸，并非全部出自政治原因，还有一些其他的原因。如船在海上遇到风暴，按照当时的习俗，要把最珍贵的物品投入大海，以息龙神之怒。道昭曾把玄奘给他的能治百病的铁锅投入海中，鉴真和尚东渡时也差点儿把昂贵的香木抛入海中。传说如果物品无法让龙神息怒，那就要用人来活祭，东亚的历史上曾多次发生这样的惨剧。

一艘日本船载着留学生高内弓一家回国，途中不幸遇到巨大风浪，日本船头板振镰束便把搭船赴日的唐人优婆塞以及高内弓的唐妻、女儿及乳母抛入海中。《续日本纪》卷二十四天平宝字七年（763）十月六日条记载了这件惨案：

> 左兵卫正七位下板振镰束至自渤海，以掷人于海，勘当下狱……初王新福之归本蕃也，驾船烂脆，送使判官平群虫麻吕等虑其不完，申官求留。于是，史生已上皆停其行，以修理船。使镰束便为船师，送新福等发遣。事毕归日，我学生高内弓、其妻高氏及男广成、女儿一人、乳母一人，并入唐学问僧戒融、优婆塞一人，转自渤海相随归朝。海中遭风，所向迷方，柂师、水手为波所没。于时，镰束议曰："异方妇女今在船上，又此优婆塞异于众人，一食数粒，经日不饥。风漂之灾未必不由此也。"乃使水手撮内弓妻并女儿、乳母、优婆塞四人，举而掷海。风势犹猛，漂流十余日，着隐岐国。

公元 717 年（唐玄宗开元五年，日本元正天皇养老元年）吉备真备入唐，留学达十七年之久，学业出类拔萃。《续日本纪》卷三十三宝龟六年（775）十月二日条载："灵龟二年，年廿二，从使入唐，留学受业。研览经史，该涉众艺。我朝学生播名唐国者，唯大臣及晁衡二人而已。天平七年归朝，授正六位下，拜大学助。高野天皇师之，受《礼记》及《汉书》，恩宠甚渥，赐姓吉备朝臣。累迁，七岁中，至从四位上右京大夫兼右卫士督。"这里的"大臣"指吉备真备，他回国后官至右大臣，位极人臣；"晁衡"即阿倍仲麻吕，终身仕唐不归。这两位优秀的留学生，正史均未提到他们的婚姻状况。但在唐诗文中，就有阿倍仲麻吕与唐女结婚的证据。王维《送秘书晁监还日本国序》云："必齐之姜，不归娶于高国。"引用"齐姜"和"高国"两个典故，赞扬晁衡娶唐朝女子为妻，不归日本而成婚。

日本镰仓时代的文献《宇治拾遗物语》卷十四"鱼养事"条记载，一位日本留学生在唐长安时结婚生子，临回国前向妻子保证："等孩子稍稍长大，一定接回日本。"可是此后便杳无音信，妻子设法让孩子渡海寻父，孩子在海中遇险，趴在鱼背上漂到日本，几经辗转终于与位居高官的父亲见面，父亲便给他取名"鱼养"。这篇传奇当然不能视为信史，但鱼养在日本历史上确有其人。据《续日本纪》记载，鱼养在桓武天皇延历六年（787）进外从五位下，翌年任播磨大掾并典药头，延历十年（791）赐姓"朝野"。又据《本朝能书传》载，这位当官的父亲即吉备真备，他把书法传授给儿子，使鱼养成为闻名遐迩的"能书者"，奈良七大寺都请他写寺额，开创日本真言宗的空海即出自其门下。

隋唐时代日本选派的留学生，多是移民后裔或混血儿，这大概是考虑到他们有着得天独厚的语言技能，对国际事务比较熟悉，甚至在中国还有一定的人脉关系。如入唐僧辨正与唐玄宗是棋友，他的儿子秦朝元以遣唐使官员身份来唐，唐玄宗特加优赏，这对整个使团非常有利。有些混血儿会再被派到长安留学，他们也会与唐朝女子结婚。如稽文会，《扶桑略记》《长谷寺缘起》等佛教文献以及《大和鉴》等都提到他，记载上互有出入，主要事迹如下：

稽氏祖先大约与福亮一样，在隋唐之交来到日本，是雕刻佛像的好手，后定居河内春日邑，似与春日氏联姻，生下稽文会。8世纪初，稽文会赴长安留学，其间与唐女结婚，回国时妻子怀有身孕。不久，妻子生下一子，取名稽主勋。稽主勋长大后来日本寻父，稽文会却不敢轻易相认，提出两人各雕佛像的一半，合则表示师门相同，可以父子相认。结果两半佛像合为一体，毫发不差，最终父子相认，皆大欢喜。

仿长安——遣唐使把"唐朝"搬到日本

　　日本遣唐使、留学生和学问僧以满腔热情来到长安学习，从政体、法律、农业、手工业、商业到文字、书法、文学、体育、音乐、戏剧、教育、数学、天文学、医学、建筑学、军事、衣冠文物及宗教等，无不从唐引进，使得整个日本社会从上层建筑到经济基础实现了全盘唐化。正如郭沫若先生在《日本民族发展概况》中所说："把中国的文化，各种上层建筑的意识形态，差不多和盘地输运了去。"如隋末唐初的僧旻、高向玄理等归国后，以国博士的身份积极辅助孝德天皇治理国家，成为大化改新的核心力量。公元 7 世纪赴唐的玄昉、吉备真备、大和长冈等，把唐代各个领域的先进文化带回日本，为创造日本奈良时代的"天平文化"做出了卓越贡献。又如，公元 8 世纪来到长安的橘逸势、空海、圆仁、最澄、义空等，满载唐文明的硕果归国，为日本史上著名的"平安文化"（794—1192）增添了绚丽夺目的光彩。更可贵的是，日本人民并不满足于单纯地和盘吸收唐文化，他们还善于结合本国具体情况，在唐文化的基础上加以发展，从而创造出具有日本民族特色的新文化。

仿唐制进行政体改革

日本大化改新后，废除了世袭的姓氏等级制，确定了中央集权制。中央设二官八省一台。其中的太政大臣、左大臣、右大臣，号称"三公"，与唐的太师、太傅、太保相当。左右大臣之下又有大纳言、少纳言、左辨官、右辨官。左辨官负责中务（管修史、天文）、式部（掌官吏任免）、治部（管贵族婚娶、对外事务）、民部（掌户籍、民政）等四省。右辨官负责兵部（管国防）、刑部（掌司法）、大藏（管财政，此名词至今为日本财政部沿用）、宫内（管宫田、官营手工业）等八项事务。这分明是模仿唐的"三省（尚书省、门下省、中书省）六部（吏、户、礼、兵、刑、工）制"。同时设置有三十三郡弹正台（监察官）等及地方的国、郡、里等各级行政机构（分别由国司、郡司和里长管理），这一切均参照了唐朝的郡县制等有关制度。

日本原来并没有国名。在隋以前，中国一直称日本为"倭""倭国""倭奴国"等。到了隋朝时，圣德太子又加了"大"字，成"大倭"，后来演变成"大和"，日本民族也就称为"大和民族"。由此可见，"倭"是中国给日本起的国名。现在的"日本"国名，是在唐朝时出现的。据《新唐书·东夷传·日本》载，日本天皇制确立后，天皇为了提高自己的地位，自称"日出处天子"，公元 670 年（唐高宗咸亨元年）更号"日本"，"使者自言国近日所出，以为名"。"日本"国号首次记载于日本史册，是在公元 720 年（唐玄宗开元八年，日本元正天皇养老四年）。可见日本国号的产生，显然是中国古代文化，特别是唐文化给日本民族深刻影响的结果之一，这也与日本统治者"日出处天子"的思想要求相一致。唐政府本着平等、尊重邻国的态度，将这一事件郑重地载入中国史册。以后的中国相关文书均把"倭"字改成"日本"，并注明改名日本的原因。从那时起，"日本"国号一直沿用至今。

日本天皇制建立初期，并无年号。公元 645 年（唐太宗贞观十九年，日本孝德天皇大化元年），孝德天皇仿效中国，建立了日本历史上第一个年号——大化。虽然中国现在已废弃了这种纪年传统，但日本至今仍在沿用。

公元 807 年（唐宪宗元和二年，日本平城天皇大同二年），天皇再次下令"朝会之礼，常服之制，一准唐仪"。因此，日本朝廷官服与唐朝极为相似。如文官的礼服规定头戴冠冕，身穿大袖上衣、小袖内衣，下着外裤、内裤，有褶的夹衣卷到腰间，脚穿朝靴，与唐朝的文官装束相差无几。

日本历代天皇十分推崇唐朝完备的封建典章制度。公元 818 年（唐宪宗元和十三年，日本嵯峨天皇弘仁九年），嵯峨天皇下诏，再次强调："朝会之礼，常服之制，拜跪之等，不分男女，一准唐仪。"清和天皇就曾仿照唐朝开元礼制，新修奠式制，颁行全国。吉备真备在唐十八年，研习经史，博涉众艺，归国时带回《唐礼》一百三十卷，将唐朝的礼仪在日本广泛传播，为健全日本封建统治机构，特别是在朝廷礼仪方面做出了贡献。

日本在唐以前还不知道什么叫作法律，所以遣唐使中总是派不少留学生前来中国学习法律。隋末唐初留学生高向玄理、舒明、南渊请安等人，把隋唐的律令制度带回日本，并加以运用。唐时来长安的留学生大和长冈，“少好刑名之学”，专程赴唐研究《唐律》，回国后和吉备真备一起指导修订《律令二十四条》，成为当时日本很有名望的法律专家。天智天皇所颁布的《近江律令》出自唐的《贞观律令》，天武天皇的《天武律令》是以《武德令》《贞观令》《永徽令》三律令为蓝本的。文武天皇更是积极推行律令制，他所制定的《大宝律令》，则取自唐代长孙无忌编纂的《唐律疏义》，其中的“笞、杖、徒、流、死”等五刑及所谓“六议”“八虐”，均由唐的“五刑、八议、十恶”派生而来。据日本学者研究，大化改新所颁布的律令，与唐朝的律令内容相同、相似的就达四百二十余条。经过日本法律专家多年充实、修改，日本法律日趋完善，终于产生了类似《唐律》的完整的成文法典——《大宝律令》《养老律令》，从而在法律上肯定了大化改新的成果，加强了封建的中央集权，确立了以天皇为中心的古代天皇制度。

与法律有关的印章和指纹的应用，也是由遣唐使带回日本的。据日本学者川岛太郎的著作《法学溯源》记载：按《太和法律》，男女离婚文书须由丈夫亲笔撰写，方能生效；如丈夫不会写字，可雇人代笔，但在名字下必须按食指指印为证。这也许是日本关于“指印法”的最早叙述了。《太和法律》的主要部分都参照了我国唐朝《永徽法典》。由此可见当时随着中日文化交流，中国的“指印法”也开始普及于日本民间。正如现代日本学者桑原骘藏所肯定的：“奈良至平安时期，吾国王朝时代之法律无论形式与精神，皆依据唐律。”事实上，日本从天智天皇到丰臣秀吉前后的九百年间，一直是沿用唐律的，由此可见唐律影响之深远。

公元646年（唐太宗贞观二十年，日本孝德天皇大化二年），日本政府仿唐朝的“府兵制”，设立“防人制”，京师置五卫府，东国及九州等边塞要地设军团防戍，征集农民当兵，每三年轮换一次。

遣唐使从唐朝搬回了整套国家制度（日本NHK电视台拍摄的《遣唐使》视频截图）

仿唐朝制定经济措施

公元646年（唐太宗贞观二十年，日本孝德天皇大化二年）元旦，孝德天皇颁布诏书，仿唐“均田制”“租庸调制”，实行“班田收授法”和“租庸调制”。初步规定，每六年按人口“班田”一次，六岁以上男子得“口分田”二段（一段长三十步，宽十二步，约等于11.9亩。十段为一町）。六岁以上女子为其三分之二。私奴婢的“口分田”为良民的三分之一，死后归公。受田人同时承担租庸调，“租”为每段二束二把（稻谷抓满三次为一把，十把为一束），山谷贫瘠之地酌量减少。“庸”为每人每年十日，“调”为每户交布一丈二尺。

公元 701 年（武周长安元年，日本文武天皇大宝元年），日本又颁布《田令》，规定"凡给口分田者，男二段"；"其地有宽狭者，从乡土法易田倍给"；"凡国郡界内，所部受田悉足者为宽乡，不足者为狭乡"；"凡给口分田，各以便近，不得隔越"；"凡给田，先课役后不课役，先无后少，先贫后富"；"凡职分田，太政大臣四十町，左右大臣三十町，大纳言二十町"；"凡内外诸司公厩田，交代以前种者，入前人"；又规定"正丁（二十一岁至六十岁）每人每年服役十日，次丁减半"。"调"则分为两种："田调"按土地面积交纳，田一町，交布四丈；"户调"则按户交纳，每户交布一丈二尺。可见，不仅"口分田""职分田""公厩田""租庸调制"等名称均与唐相仿，而且具体条文也极其相似。这是日本深受唐朝影响的又一确证。

遣唐使一方面与唐朝廷进行官方的朝贡活动，另一方面还与中国民间进行物资交易。他们从日本各地带来当地的奇珍异宝，如《新唐书·东夷传·日本》记载：一次日本赠给中国的"虎魄（琥珀）大如斗，码（玛）瑙若五升器"。此外，他们还带来银、绝、丝、绵、布、海石榴油、珍珠等各种名贵特产。除其中一部分以朝贡形式换取唐政府的优厚回礼外，他们还留有不少银钱、货物及唐朝廷的馈赠，并拿到各地市场上进行交换，买回他们所需要的货物。这些货物运回日本国内后，大部分会投入市场，再次进行交易。如第十八次遣唐使藤原常嗣一行回到肥前国生属岛（生月岛）时，日本朝廷特派检校使指令由陆路递运礼物、药品等，然后在京城建礼门前搭起三个帐篷，称为"宫市"，向臣下标卖唐朝的珍贵家具、香药、彩帛、书籍、经卷、佛画、佛具等物品。由此可知，中日间的商业贸易，不仅活跃于唐朝的土地上，而且也延伸到了日本内地，大大加强了中日经济贸易和友好往来。

公元 621 年（唐高祖武德四年，日本推古天皇二十九年），唐政府发行的"开元通宝"，通过遣唐使被大量带回日本。近代以来，日本考古学家在北起北海道、南至九州岛的全国各地先后考察出土的"开元通宝"竟达数万枚之多，这些"唐钱"还有同明代古币一起出土的。由此可以推测，它在相当长的一段时间里曾与日本货币一起流通于市场。

令人感兴趣的是，日本在公元 708 年（唐中宗景龙二年，日本元明天皇和同二年）仿唐的"开元通宝"铸制银币"和同开珎（宝）"，虽因种种原因很快废除，但此后亦作为礼品由遣唐使赠予中国。1970 年 10 月，西安市南郊何家村（唐长安城兴化坊）原唐邠王府窖藏出土五枚圆廓方孔的"和同开珎"银币，它和在日本出土的唐古币"开元通宝"一起，成为中日两国人民经济贸易往来的又一见证。

"开元通宝"钱

日本银币"和同开珎（宝）"

唐生产技术在日本推广

中日两国以遣唐使为桥梁的友好往来，虽然主要是政府间的交往，但它充分反映了两国人民要求发展经济、促进文化交流的共同愿望。因而当大唐先进的农业、手工业生产技术传入日本时，就格外受到日本人民的欢迎，并被广泛采用。据日本文献《类聚三代格》载，日本鉴于"耕种之利，水田为本"，中国"堰渠不便之处，多构水车；无水之地，以斯不失其利"，而日本却"素无此备"，便于公元 829 年（唐文宗大和三年，日本淳和天皇天长六年），仿中国水利工具制造了手推、脚踏、牛拉等各种类型的"龙骨水车"。同时，日本还仿制了"唐镬"（大型铁锄）、"唐锄"、"唐箕"（扬谷风箱）、"唐犁"等，大大提高了日本的农业生产效率。此外，奈良时代的遣唐使还把中国著名农书《齐民要术》带回日本，向日本人民介绍并推广了中国劳动人民在生产实践中积累起来的丰富的农业生产技术。

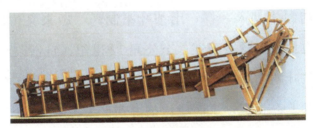

龙骨水车（复原模型）

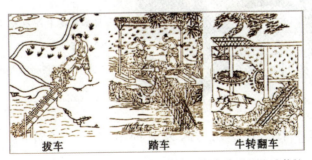

不同动力驱动的龙骨水车（引自明·宋应星《天工开物》）

伴随着农业技术和农具的东传，许多传统的中国优良农作物品种也被移植到日本。据《日本大百科全书》记载，早在公元前

3世纪的弥生时代，中国水稻种植技术已由长江中下游经朝鲜半岛传入北九州一带。在唐代，移往日本的水稻品种就更多了。

日本学者鸟仓龙治所著的《冲绳一千年史》记述："公元754年，有唐鉴真和尚因弘布佛法，东渡扶桑，把制糖法传入日本。"从此，日本才知道植蔗和制糖的知识，至今日本人仍奉鉴真为榨糖业始祖。日本人知道"茶"的知识也是从唐朝开始的。遣唐使带回去的茶叶尚属达官显贵的奢侈品。到公元805年（唐德宗贞元二十一年，日本桓武天皇延历二十四年），中国茶籽才由学问僧永忠带回日本，于公元811年（唐宪宗元和六年，日本嵯峨天皇弘仁二年）在滋贺县种植。不久茶籽传遍日本列岛，到处开花结果。而滋贺县所在的京都地区，则成为日本著名的产茶区之一。日本人最初和唐朝人一样，用茶叶来制药，后来又仿唐人饮用，从此他们也养成了饮茶习惯。至公元12世纪，日僧荣西总结了各地群众对茶叶的实际运用，写成了《吃茶养生记》，其中论说了茶的功能，并上奏朝廷，从而使饮茶得到更为普遍的推广。

日本茶道最早也是从中国传过去的（日本 NHK 电视台拍摄的《遣唐使》视频截图）

《续日本书纪》卷九圣武天皇神龟二年（725）十一月条载，播磨直兄弟从唐带回了柑子，佐味仲麻吕试种了这些柑子的种子，获得成功。他们则因此由原先的六位上官升到从五位下官。可见，日本政府极为重视引进优良的农作物和经济作物品种，使用各种政策奖励唐朝良种作物在日本列岛的推广。

遣唐使们把柑子带回日本,开始在全国种植(日本 NHK 电视台拍摄的《遣唐使》视频截图)

这一切,不仅使日本人掌握了许多新的农业生产知识,而且也改善了日本人的饮食条件,促进了日本人体质的增强。

唐代手工业相当发达,手工业产品种类繁多,制作精巧,造型美观,驰名天下。遣唐使把这些精致的工艺品和制作技术大量带回日本。诸如屏风、唐镜、棋盘、乐器等数以千计的艺术品,至今仍藏于公元 8 世纪建成的皇帝府库——奈良的正仓院,其他如螺钿、金银平脱、蜡缬和夹缬的制作技术,也被带入了日本。

螺钿,是用螺贝壳、玳瑁等原料磨薄后,刻成人物、花鸟等多种形象,然后镶嵌于各种器物上,甚为华丽。金银平脱,是用金或银的薄片镂刻成种种图案花纹,以胶漆粘于器物表层,再油漆数重,然后在平面上加以细磨,最后脱露出精美的图案来。蜡缬,即蜡染,以蜡在布面上绘出图画,浸入染缸,再经沸水煮后,即显出醒目的白色花纹。至于夹缬,则是用两块雕刻同样花纹的木板,着色夹染,其花色别具风格。这些高超绝妙的制作手艺至今仍为日本人所熟练掌握,并得以创新,极大地丰富了日本人的物质文化生活。

中国的养蚕业、丝织业,早在汉代就东传日本,3 世纪初已普及于北九州。我国南朝时,"汉人"以织绢技术高超被誉为"绫

人"。在"唐织"的影响下，日本丝织
业发展迅速。丰富多彩的中国丝织品促
使日本丝织品的质量大为改进，品种日
益增多。到8世纪时，日本已能生产出
别具风格的珍珠绢、美浓绝。这些织品
被当作贡品，由遣唐使进贡给唐皇帝。
李白曾写《送王屋山人魏万还王屋》一
诗，其中有两句"身着日本裘，昂首出
风尘"，并有注释"裘则晁卿所赠，日

平安时代山水图屏风（局部）

本布为之"，意思是穿上了日本绢做成的衣服，连人都显得气宇不
凡了。中国大诗人如此赞美日本丝织品，日本的纺织水平之高，
便可想而知了。

　　瓷器的发明和制造，是我国古代劳动人民为人类做出的伟大
贡献之一。经数千年的发展，陶瓷在唐代成为当时世界上独特的
日用品兼工艺美术品。唐朝因为需要大量的铜来铸钱，所以，用
铜制作器物就受到了限制。同时也因为经济高度发展，生活上也
要求用高级瓷器。所以，那时的制瓷技术在已有的基础上大大前
进了一步。唐代的著名瓷窑，如邢窑、越窑、景德镇窑、耀州窑
等所产的白瓷、青瓷驰名海内外，深受各国人民的喜爱。亚、非、
欧各国无不竞相购买，甚至仿造，日本更是全面引进唐朝的制瓷
技术。

　　事实上，日本直接受到中国陶瓷影响，是从隋代开始的。那
时，日本学问僧曾带回一件极珍贵的瓷器，即高度为26.5厘米，
绘有暗青色、绿色釉彩的双耳盘口青瓷罐，曾保存在推古天皇建

造的法隆寺里。唐代时，中国陶瓷大量输入日本，其中尤以"唐三彩"最受日本民众喜爱。

唐三彩是盛唐时期中国陶瓷手工业的新品种之一，因色彩绚丽而引人注目，是当时手工业工人智慧的结晶。《唐会要》载："王公百官，竞为厚葬，偶人象马，雕饰如生。"可见唐三彩是随厚葬习俗而风行起来的。唐三彩的实物残片，在日本的福冈县冲岛大宰府观世音寺、奈良县大安寺、安培东金堂基坛等遗址均有发现。据日本学者研究，初期传入日本的唐三彩，是赴唐的遣唐使或学问僧收到的礼品，也可能是唐朝使者赠给日本宫廷或大寺院的礼品。日本朝廷十分珍视唐三彩的精美造型和高雅风格，奈良宫廷在研究了唐三彩的制造技术后，自己制造了在造型、釉色、花纹等各方面都酷似唐三彩的一种陶器，名为"奈良三彩"。奈良三彩的诞生，充分说明了当时日本政府及其封建士大夫曾多么强烈地寻求中国陶瓷！正是对于中国陶瓷的迫切需求，才促使了奈良三彩的诞生，从而奠定了日本陶瓷发展的基础。饶有趣味的是，到 9 世纪中期，中国唐三彩流行过时后，日本也停止了奈良三彩的生产。

"奈良三彩壶"，创作于奈良时代前半期，高 13.7 厘米，口径 12.7 厘米，中间部分直径 21.5 厘米。整个壶体属于素烧陶器，表面用白色、绿色和褐色三种釉装饰成鹿的图案，底部和内侧则用了带着淡淡绿色的透明釉。现收藏在日本九州国立博物馆

长期以来，日本的陶瓷一直是单方面地接受中国陶瓷的影响而向前发展的，直到 18 世纪才在装饰方面开始了两国之间的相互交流。日本人对中国瓷器的偏爱，正如日本学者三上次男在其

《从陶瓷贸易看中日文化的友好交流》一文中指出的："从古代到近世，日本人始终珍视中国的陶瓷，以获得中国陶瓷为快。"

此外，日本工匠还吸取盛唐时中国手工业者在漆器上绘制各种泥金画的精湛技术，并加以改造和创新，这就是著名的"莳绘"技艺。这种手工艺至今仍在世界上享有盛誉。

唐文化对日本影响深远

公元 286 年（晋武帝太康七年，日本应神天皇十六年），百济人王仁献给日本应神天皇《论语》十卷、《千字文》一卷，这标志着中国文字和书籍正式开始输入日本。在汉字东传之前，日本"无文字，以刻木、结绳记事"。到 5 世纪，在移居日本的汉人的帮助下，有相当一部分日本人已能准确地使用汉语了。公元 478 年（南朝宋顺帝昇明二年），倭王武给中国南朝宋顺帝的一封用熟练的汉语写成的奏文，即是明证。古代日本人称汉语为"真名"，作为记事抒情的工具。最古老的日本书籍全部都是用汉语写成的。遣唐学问僧空海曾编成日本史上第一部汉语字典《篆隶万象名义》三十卷。据《续日本书纪》记载，元正天皇于公元 720 年（唐玄宗开元八年，日本元正天皇养老四年）下诏，要求遵照中国僧人道荣和学问僧胜晓等人的发音，"不得自出方法，妄作别音"。据岑仲勉先生的《隋唐史》所记，直到公元 798 年（唐德宗贞元十四年，日本桓武天皇延历十七年），日本还"令读书一用汉音"。公元 736 年（唐玄宗开元二十四年，日本圣武天皇天平八年），唐人袁晋卿应日本政府邀请，随遣唐副使中臣名代前往日本，被天皇赐姓清村宿祢，官位从五位下，担任太学音博士、太学头等职，协助吉备真备等太学教授们讲授汉语音韵学，以矫正"吴音"（吴音，指中国古代江浙地区的字音，因此地曾是三国吴所在地域，故称"吴音"），普及"唐音"（即"汉音"，指中国古代长安等地传到日本的字音，因长安是汉朝统治的中心地域，故称"汉音"。唐代"汉音"得到发展、完备，亦称"唐音"）。另外，入唐的大批学问僧回国后，在日本国内讲经传律，对"唐音"的普及起了重要作用。以后日本语言中始终存在有"唐音"，这与遣唐学问僧是有着密切关系的。

遣唐使引进了汉语发音。左边的吴音是"nannv"，右边的汉音是"dan-jiao"（日本 NHK 电视台拍摄的《遣唐使》视频截图）

　　由于日本民族善于学习外来文化，长于大胆吸收，兼容并蓄，不久就创造了一种以汉字为音符的"万叶假名"，从而为创造日本语言文字，并以此来代替汉字开辟了道路。奈良末期至平安前期，"平假名""片假名"相继产生，日本人从此有了自己民族表达思想的工具——古代日语。流行于日本民间的传说则认为是空海取汉字草书体创造"平假名"，吉备真备取汉字楷书体偏旁创造"片假名"。可见，这两人对日语的形成有着特殊贡献。中国汉字词汇至今在现代日语中仍占有相当的比重，以至于日本人把汉字列在外来语词汇之外，视其为亲切的本民族自己的文字，这是中日两国在文字交流史上的不朽纪念。1981 年 3 月 24 日，日本国语审议会通过的《常用汉字表》确定日本常用汉字为 1945 个。日本文字的产生，对日本民族文化的蓬勃发展起到了积极作用。公元

770年（唐代宗大历五年，日本光仁天皇宝龟元年），由大伴家持编成的收集有四千五百首诗歌的现存最古老的诗歌集《万叶集》，就是一部书面文学的代表作。

虽然日本创制了假名文字，但仍然需要配合汉字使用。直到今天，日本所使用的文字仍是假名夹汉字，例如日本的政府机构、机关单位的设施、法律条文、人名、地名、书名、年号等大多用汉字书写，这说明日本仍是中国文化圈内的国家之一。

在日本明治维新之前，曾有人要求废止汉字，如1866年日本人前岛密就发表"废止汉字的意见书"。在昭和天皇（1926—1989年在位）初年，又有人主张废止汉字。但是，日本同音异义、同义异音的字很多，如果不使用汉字就无法成文。因此，自前岛密提出废止汉字的意见虽已过去了100多年，但直到今天，日本仍在使用汉字。第二次世界大战以后，日本政府尽力减少汉字的使用数量，发布了常用汉字表，规定常用汉字为1850个，但无论怎样都无法废止汉字。

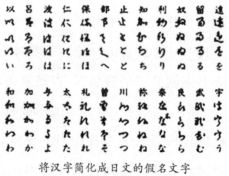

片假名表　　　　　将汉字简化成日文的假名文字

据9世纪日本人藤原佐世编纂的、最齐全的《日本国见在书目录》一书，我们可以得知，9世纪末在日本已藏有中国书籍一千五百七十九部，凡一万六千七百九十卷。这些书，大部分都是由留学生、学问僧带回的。如粟田真人、空海等人回国，带回去的书就包括中国著名的"前四史"（《史记》《汉书》《后汉书》《三国志》），还有《晋书》《文选》及诸子文集等。

在中国史书的影响下，公元712年（唐玄宗先天元年，日本元明天皇和同六年），太安麻吕用"万叶假名"编著了日本现存最早的史书《古事记》三卷。公元729年（唐玄宗开元十七年，日本圣武天皇天平元年），他又与舍人亲王等奉天皇之命按中国史书编年方法，用汉语写成了《日本书纪》，开日本编纂汉语体史书之先例。以后，《续日本书纪》《日本后纪》《续日本后纪》《文德实录》和《三代实录》等汉语史书相继问世，与《日本书纪》合称"六国史"。这些书无论是写作技巧，还是史家立场，都深深地具有中国史书编写传统的烙印。

中国的类书，如《类苑》一百二十卷，《华林遍略》六百卷，《修文殿御览》三百六十卷，《艺文类聚》一百卷，《翰苑》三十卷等，也大量输入日本。令人特别关注的是，许多在中国失传的书，却在日本被保存了下来。如唐代传奇小说《游仙窟》，即是在日本发现后再传回中国的。还有如张楚金的《翰苑》一书，南宋时在我国已失传了，可是此书的末卷于1917年在日本九州被发现。近年，日本友人将《翰苑》复印本赠予中国，充分体现了中日交流千古不断。

《新唐书·百官志》载，唐朝中央设国子监，"总国子、太学、广文、四门、律、书、算，凡七学"，其中总国子和太学专收大官僚、大地主的子弟，广文、四门等招收一般中小地主官僚的子弟。据《唐六典》卷二十一《国子监》介绍，算学的学制约七年，设天文博士两人、历博士一人，这反映了唐代较为重视科技文化的传授。日本政府参照唐朝的学校制度于圣武天皇时期开设进士科考试，创造了一套适合于日本国情的教育制度。在京都设"太学寮"，隶属于式部，招收五位（封建等级）以上的贵族、官僚子弟。地方设"国学"，隶属于国司，招收一般小康之家的子弟。学科分为"明经""纪传"两道。"明经"道，学《尚书》《周易》《毛诗》《周礼》《礼记》《春秋》《论语》《孝经》。"纪传"道，学"前四史"《晋书》《文选》《尔雅》，几乎与唐一致。"太学寮""国学"的任职教员，大多数是留唐归来的学者。如对中国法律、礼仪、儒学、祭礼、军事、建筑等有研究的吉备真备，归国不久，即被授予正六位下官位，被任命为国子监"太学"助教，专门从事传授中国文化。

留学生们把中国的教育制度也带回了日本（日本 NHK 电视台拍摄的《遣唐使》视频截图）

与中国唐朝一样，儒学在当时的日本也广泛流传。统治者尤其重视儒家的忠、孝、礼、义，将它们作为维护封建社会秩序的思想工具。随第十一次遣唐使赴长安的留学生膳大丘，在长安国子监学习儒学，毕业回国，任教于"太学"，专门传授儒学，他还于日本神护景云二年（768）七月奏准尊孔子为文宣王。这对于奈良时代儒学的兴盛起到了很大的作用。又据《续日本书纪》卷二十记载，公元 8 世纪中叶，天皇下诏"令天下家藏《孝经》一本，精勤诵习，倍加教授"。由此可见日本统治者对儒学是何等推崇！尤其值得注意的是，儒学从 6 世纪初传到日本，直至现在千余年间，一直对日本人民的思想和行为产生着深远影响。

作为汉字文化圈一员的日本，其文化深受汉字发源地——中国的影响。诚如日本汉学家入谷仙介在《日人禹域旅游诗注》序中所说："孔孟、浮屠之教，文字诗赋，法令衣冠，琴棋书画，吃茶插花，拳法百技，不待于中国者盖希也。"英国史学家汤因比也说："日本文明是中国文明的'交流文明''卫星文明'。"这些论说都生动表述了日本文化对中国文化的依存关系。

唐文学艺术在日本绽放

遣唐使从长安带回的各种各样的文学艺术作品，使日本民族艺术取得了一个飞跃的进步。在唐文学艺术这一完整体系的影响下，日本民族艺术出现了崭新的面貌，并得到前所未有的发展。正如日本艺术家远藤光一所评论的："大陆文化适合我国国情以及民族的性格，也适合培育日本独自的文化。所以，日本自有了从大陆传入的古代先进的美术传统作为温床，培育了许多新种花朵，鲜艳夺目。"

唐代文坛是古代世界文学艺术中独放异彩的东方艺苑，而"唐诗"则是其中最鲜艳的花朵，尤为日本人民所喜爱。日本留学生、学问僧受到当时唐朝著名诗人李白、杜甫、白居易等人的熏陶，他们学成归国时，每次都携带回大量的唐人诗文集。其中白居易的诗在日本影响最大。据《日本国见在书目录》载，传入日本的有《白氏文集》七十卷、《白氏长庆集》二十九卷。平安时代的诗集《和汉朗诗集》收诗五百八十九首，其中白居易的诗达一百三十七首。白居易对日本文学的影响持续了近千年，直到江户时代，仍被当作"诗仙"，供奉在京都一乘寺的"诗仙堂"里。以唐诗为主体的汉文学作品的大量输入，使日本文学产生了全面的唐化现象。在奈良、平安两朝的贵族文坛上，掀起了学习唐诗的热潮，上自天皇，下至一般文士，竞相模仿唐诗，作诗唱和，酬酢往来，蔚然成风。

平安时代紫式部侍读时所用的《白氏文集》

白居易画像

日本嵯峨天皇弘仁十四年（823）二月二十八日，都城平安京正是百花盛开的季节，嵯峨天皇带领一大群学者、文人，来到第九位公主有智子内亲王居住的山庄，在那里举行了盛大的花宴。天皇酷爱那些脍炙人口的汉语诗文，同时天皇自己也擅长诗文。有智子当年年仅十七岁，是百济血统的归化人所生，任职于贺茂神社。他们一边赏花，一边奏乐，在觥筹交错之中，诗会开始了。天皇定下了"春日山庄"的诗题，于是文人们各显才藻，竞相命笔。有智子立刻挥毫写下了一首七言律诗：

> 寂寂幽庄水树旁，仙舆每降一池塘。
>
> 林栖孤鸟识春泽，谷间寒花见日光。
>
> 泉声近极初雷响，山色高晴暮雨行。
>
> 从此更知恩顾渥，生涯何以答穹苍？

天皇对这首诗大为赞赏，立即授予公主三品官位，封给领地一百户。

9世纪初叶，在仅仅十余年的时间里，日本就编集了《凌云集》《文华秀丽集》《经国集》等多部敕选的汉文诗集。有智子的那篇《春日山庄》诗作，就是《经国集》中大放异彩的一首。在《文华秀丽集》中，还收入了若干首宫廷女性的作品。这些女性，可以说是11世纪紫式部、清少纳言等的先驱。

那时，曾做过遣唐大使的小野篁、橘逸势、菅原道真都以精通唐文学而闻名于世。特别是橘逸势，他以渊博的汉学造诣赢得了唐人赠予的"橘秀才"称誉。学问僧空海回国后著有《文镜秘府论》六卷，对唐诗的平仄对偶做了精确介绍。此后，近体诗风行日本，其文笔之优美、流畅，与唐诗相比毫不逊色。奈良朝天平胜宝三年（751），日本出现了第一部汉诗集《怀风藻》，收入汉诗一百二十首，作者有六十四人。到平安朝时期，大部头的汉诗集如《文华秀丽集》等先后编成，仅《经国集》就收集一百七十八位诗人所作的汉诗九百一十七首、赋五十一篇。这些诗再现了唐朝宫廷文学的流风余韵。在唐诗风行之际，具有日本民族特色的二十卷本的诗歌《万叶集》也于公元770年（唐代宗大历五年，日本光仁天皇宝龟元年）问世，它显示了生动活泼的唐文化与日本传统文化的融洽与和谐。

唐代诗人在中日文化交流中的地位特别显著，如盛唐时期唐玄宗、王维、赵骅、李白等人，以日本遣唐使藤原清河及留学生晁衡的辞唐归国为内容，写下了不少诗篇；中唐时期，围绕着留学僧最澄、空海等人的回国，孟孔、毛涣、全济时、朱少端等人分别都赠诗惜别；晚唐时期，当僧人圆载、圆仁、圆珍等东渡返日，诗人皮日休、陆龟蒙、颜萱、栖白等赋诗饯行。据张步云先生统计，反映中日文化交流的唐诗不下一百余首。

唐代书法，上承魏晋，下启宋元，三百年间，名家辈出，异彩纷呈，无论是楷书还是行草都把中国传统的书法艺术推向了新的高峰。中国高僧鉴真等人随遣唐使东渡，把王羲之《王右军真迹行书》一帖、王献之《小王献之真迹行书》三帖献给日本宫廷。"二王"书法及鉴真自己的书法，均成为日本人临摹的范本。僧人最澄回国时，携回王羲之、欧阳询等名家碑帖拓本十七种。奈良时代，学习"二王"书法蔚然成风。唐书法家欧阳询、颜真卿、柳公权、虞世南等书法名家的墨迹，同样受到他们的重视。日本早期书法是靠金文铭刻保存下来的，如公元607年（隋大业三年，日本推古天皇十五年）的"法隆寺药师造像铭"、公元668年（唐高宗总章元年，日本天智天皇七年）的"船王后墓志"，其书法刚健秀劲，显然带有隋末唐初的书法风格。日本人自己书写佛经，大约起源于天武天皇初年（公元7世纪中叶）。《金刚场陀罗尼经》是日本现存最早的写经，其书体挺拔有力，与唐代书法家欧阳通的《道因法师碑》非常相似。同中国的封建帝王一样，日本古代的一些天皇也爱好书法艺术。如日本京都奈良东大寺珍藏的《贤愚经》一卷，相传为圣武天皇所书，其书体凝重，具有盛唐写经的余风。现代日本艺术家小野胜年谈到书法时，曾有过这样的评论："通过正仓院的遗物看，奈良时代的书法，不论在实用方面还是在鉴赏方面，唐的书法是风靡一时的。"

平安时代，嵯峨天皇、空海、橘逸势以出色的书法被誉为"三笔"。嵯峨天皇的墨迹留传至今的有笔录唐代诗人诗作的《李峤百咏》残卷，其书法刚柔相济，神采飞动，颇受"二王"影响。其书法不仅可取，而且还增补了《全唐诗》的缺佚。空海留唐时，除了学习和研究佛学外，还拜书法名家韩方明等为师，钻研各种书体流派，能写篆、隶、楷、行、草等五种书体，被誉为"五笔和尚""远绍羲献"，其墨迹被列为中国书法名家杰作之一，并载入中国史籍。空海的书法作品至今在日本教王护国寺里保存完好的有《风信帖》《灌顶记》等三十帖。橘逸势在长安拜柳公权为师，精研柳体书法，笔法极为纯熟。相传他为唐朝宫门写过榜额，可惜留下的墨迹很少，现今尚存的仅有《南圆堂铜灯台铭》和《伊都内亲王愿文》两种。稍后崛起的小野道风、藤原佐理、藤原行成等书法家则摆脱了对中国书法的模拟，由仿唐发展到独创，形成了具有日本民族风格的书法。在这一点上，小野道风起了极为重要的作用。他在模仿王羲之字体的基础上，进一步使字形变得圆滑而柔和。小野道风的书法真迹，在日本皇室御物屏风草稿上可以看到。在他之后，又出现了藤原佐理、藤原行成等书法家，他们更加融汇了各家书法之所长，形成了愈加精练的书法风格。小野道风、藤原佐理和藤原行成的书法，又被日本国民称为"三迹"。

公元 926 年（后唐明宗天成元年，日本醍醐天皇延长四年），前来长安求法的日本僧人宽建，带来小野道风的行书和草书各一卷。公元 988 年（宋太宗端拱元年，日本一条天皇永延二年），日本僧人奝然，也将藤原佐理的手迹带到中国，并把它献给宋朝皇帝，宋太宗大加赞赏，称赞它"在中国也无人可比"。不过，要补充说明的是，"唐书道"已成为日本人民喜爱的一种艺术形式。目前，在日本由书法家和书法教师自办的"书法教室"和"书塾"近十万个。"全日本书道联盟"拥有造诣相当高的书法家一万四千人。现代日本书法家今井凌日在谈到中日两国的书法交流时自豪地说："书法是以中国和日本为中心发展起来的独特的东方艺术。两国的书法有着兄弟关系，当然中国是兄，日本是弟。"1977年，著名的日本书法教育家上条信山、种谷扇舟等发起成立了"日中友好书道教育者协会"，为增进中日两国人民的友谊和书法艺术交流做出了新的贡献，这充分显示了中日文化交流在悠久的历史长河中具有强大的生命力。

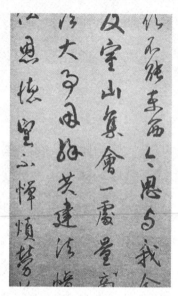

空海的书法

橘逸势的书法中，唯有《伊都内亲王愿文》是公认的传世代表作

　　"唐绘"，人物栩栩如生，山水清雅秀丽，花卉争奇斗艳，禽鸟千姿百态，堪称世界上第一流的绘画艺术，传入日本后自然备受欢迎。圆仁《入唐求法巡礼行记》唐文宗开成四年（839）正月条载：日本画师粟田家继学习"唐绘"，专心致志模仿唐代画家韩干的画，竟"无一亏谬""一依韩干之样"，使人难辨真假。日本奈良生驹郡斑鸠町的法隆寺的金堂壁画，绘于7世纪末至8世纪

初，妙相庄严，婉丽多姿。其中的线描《飞天图》既有强烈的运动感，又有丰富的立体感，表现技巧相当高超。盛唐佛画的多彩与壮丽，敦煌壁画的遒劲潇洒风格，在法隆寺的金堂壁画上得到了充分的表现。不幸的是，金堂壁画在第二次世界大战的战火中被烧毁了。与金堂壁画同时代的圣德太子像，服饰冠带，无不仿唐，也是一幅写貌传神的日本"唐绘"佳作，可视为日本"大和绘"的始祖。位于日本奈良市的药师寺所藏的公元8世纪的《吉祥天女图》，与正仓院所藏的唐张萱、周昉画的《唐宫仕女图》笔法惊人地相似。1971年至1972年，从我国唐乾陵章怀太子墓中出土的《礼宾图》壁画，绘有8世纪时唐政府迎接外国使节的场面。画面上的外国使节中，从右至左第二人所戴帽子和所穿服装，与《旧唐书·日本传》中描述的朝臣真人的服饰极其相似。另外，1972年日本高松冢古墓发掘的同时代侍女群壁画与唐侍女壁画也极其相似。这就更令人赞叹不已，这些壁画似乎出自一人手笔。

张萱、周昉《唐宫仕女图》（现藏于日本正仓院）

日本正仓院所藏的由六块屏风组成的《树下美人图》（或称《鸟毛立女图》），每块屏风上绘有一位身着中国唐代服饰的美丽贵妇，她们姿态各异，或站在石上，或立于树下，手、脸等部位描绘精细，着色明朗，是精彩的唐绘杰作。正仓院所藏的琵琶和拨面上，绘有《骑象鼓乐图》和《骑猎酒宴图》；阮咸（古时一种琵琶）的拨面上绘有《松下围棋图》，这种即兴点染的生活小景，更能看出当时唐绘写生所达到的成就。从这些遗物上我们可得知，中国古代用油彩作画的技法已东传日本。还有《麻布墨画菩萨像》，在一米见方的麻布上白描了一个蹲坐的菩萨，四面墨线飞动，衣带迎风飘舞，大有唐代著名画家吴道子的"吴带当风"之妙。日本学者伊势专一郎据此画像认为白描手法当始于唐吴道子。

《树下美人图》

　　勤劳而充满智慧的日本民众，不断汲取唐绘的优秀成果，与本民族文化相融合，到了平安时代，出现了富有日本民族风格的绘画——大和绘。大和绘笔法朴素，色彩鲜艳，常用于室内装饰，或做成"绘卷画"（画册）。这一由唐绘发展而来的绘画艺术为历代日本艺术家所继承。如15世纪的高僧雪舟的水墨山水画、17世纪菱川师宣的浮世绘等，都是优秀的代表作品。今天的东山魁夷、平山郁夫等，都是现代日本著名的大和绘画家。从整个日本绘画史看，把大和绘看作唐绘在日本演变出来的新品种之一，也许不算过分。

　　敦煌艺术是闻名于世且流芳万代的不朽艺术，传入日本后，对日本的文化生活产生了深远的影响。1958年1月"中国敦煌艺术展览会"在日本展出时，受到了日本专家和数十万观众的热烈欢迎。日本考古权威原田淑人博士说："敦煌艺术是日本艺术的根源。"这种评价是符合实际的，也是颇有见地的。

　　9世纪是中国古典文学较多地影响日本文学的时期。在唐文学的影响下，公元811年（唐宪宗元和六年，日本嵯峨天皇弘仁二年）左右，日本产生了第一部小说《竹取物语》。从此以后，日本古典小说茁壮成长。公元1010年（宋真宗大中祥符三年，日本一条天皇宽弘七年）左右，平安朝廷的一个贵妇紫式部写出了五十四卷本的《源氏物语》，生动地描绘了日本贵族的爱情生活。这部著名的小说，至今仍被视为日本古典小说中的最佳作品。在今天的日本现代文学中，仍可看到中国古典文学的积极影响。正如日本文学家上田正昭所说："现代的日本文学和其他方面一样，从极其丰富的渊源吸收其力量，如中国古典的影响。"

《源氏物语》绘卷中的夕雾：夕雾爱上了柏木遗孀落叶公主，其妻云居雁见夕雾正在阅读落叶公主的信，欲夺之

唐体育和娱乐活动在日本的发展

唐代中日两国的文化交流，包含着极其丰富的内容。除了文学及其他艺术，体育、娱乐方面的交流也是两国人民常引为美谈的精彩篇章。

如围棋，产生于我国战国时代，到了唐代，已成为中国民间文娱活动的一种盛行项目。据说，到唐长安学习的吉备真备当时就学会了围棋。这一娱乐活动由他带回日本后，深受日本民众的欢迎，很快就普及于整个日本列岛。在日本正仓院里至今还能看到绘有《松下围棋图》的阮咸拨面和精致的唐式棋盘。唐代日本留学生、学问僧中，有不少人擅长下围棋。如学问僧辨正，长期居住在中国，成为当时长安的一名围棋能手，经常与皇太子李隆基对弈，以至于后来的唐玄宗常惦念他。《旧唐书·宣宗本纪》载："大中二年（848）日本国入朝贡方物，王子善棋，帝令待诏顾师言与之对手。"这应是开中日间围棋比赛的先河。顾师言是当时的国家强手之一，但碰到这位日本棋客，也颇有难以招架之感。他们下了三十二子还未决胜负，顾师言急得满头大汗，手都僵硬了，生怕丢人出丑，丧失大国棋手的荣誉。可见，当时日本棋坛上的围棋技巧已达到相当高的水平了。到了9世纪时，遣唐使中常有围棋名手随行来长安举行友谊赛。平安时代，围棋已在日本上层社会的妇女中流传开了。《源氏物语》中就有关于下棋情景的精彩描写。此后，围棋逐渐传至民间，历经千年而不衰。棋道在日本民间影响深远，至今仍为日本人民所喜爱，是日本民众中最普及的文娱活动之一。据说现在日本已有一千万个围棋爱好者，并成立有日本棋院、关西棋院等团体组织。以围棋为职业的达五百人。更重要的是，围棋这一文化交流的鲜花，受到了中日两国人民的爱护和精心培育。1960年以来，日本棋手沿着先辈的足迹，频繁地来到中国交流棋艺。1972年，中日恢复邦交以来，两国棋手每年互涉重洋，开展棋艺交流与比赛，已成为惯例。古老的围棋已成为中日友好文化交流百花园中又一朵格外鲜艳的花朵。

木画紫檀棋具。唐时传入日本，现藏于日本奈良正仓院

据史籍记载，兴起于波斯的马上打球运动——波斯球，即马球，于 7 世纪初传入中国，曾在社会上盛极一时。1971 年，在唐乾陵章怀太子墓出土的《打马球图》证实了这一事实。据说长安的月登阁有一个

唐章怀太子墓壁画《打马球图》

大型的马球场，连大明宫和禁苑中也设有球场。1955 年，在大明宫遗址出土石碑一块，上刻"含元殿及球场等，大唐大和辛亥岁己未月建"，可见史籍记载可信。后来，长安有人将骑马打球改为步行打球，所以，诗人王建《宫词》诗中有"寒食宫人步打球"的诗句。大约在 8 世纪时，这项体育活动传入日本，风行于日本列岛。

在日本最普及的体育项目——相扑（日本式摔跤），也起源于中国。早在秦汉，中国已有这种摔跤活动，不过那时称为角抵。汉墓出土的《角抵图》所画的两个力士的角力动作，与今日本相扑如出一辙。到晋代，角抵改称相扑。由于相扑是一项具有高尚风格和富有戏剧性的运动，所以从唐代传入日本并盛行于民间，历千百年而不衰。至 20 世纪初，相扑以日本国技著称于世。今天，差不多每个日本人都爱看相扑，东京和其他大城市每年都有六次比赛。1973 年 4 月，为庆祝中日恢复邦交，日本相扑代表团首次来华，在北京等地进行了表演比赛，受到了中国体育界和广大群众的热烈欢迎。

中日间的音乐交流，更是生动活泼。早在日本推古天皇时期，

圣德太子就引进中国的音乐，使它和佛教相结合，称之为伎乐或吴乐。隋代开皇年间，日本音乐传入中国，被列为隋宫廷音乐之一，对"唐乐"的形成有一定影响。当时，输入唐朝的各国名乐曲达十四种以上，其中当然包括日本的音乐。唐朝在隋"九部伎"的基础上，广泛吸收东方高丽，西方高昌、龟兹，南方扶南、天竺等各兄弟民族的音乐，使中外音乐相融合，从而产生了闻名天下的"唐乐"。日本人对"唐乐"非常喜爱，日本朝廷不断聘请中国音乐名家赴日传授"唐乐"。如公元766年（唐代宗大历元年，日本称德天皇天平神护二年），唐人皇甫东朝、皇甫昇女，于舍利会共奏"唐乐"，天皇为美妙动听的"唐乐"而沉醉，即刻授予两人叙位官阶五位下，次年任命二人为雅乐员外助。为了进一步探索"唐乐"，遣唐使团中常有音乐家前来唐朝学习，著名人物有精于弹琴的良岑长松、擅长琵琶的藤原贞敏等。藤原贞敏回国后，将琵琶四调传于世，其也成为日本音乐舞台上的一代琵琶权威。

据《旧唐书·代宗纪》载："大历十二年（777）春正月，渤海使献日本舞女十一人。"由此可知，日本舞蹈是经过渤海由东北传入唐的。与此同时，唐代著名的乐舞也由遣唐使传入日本。如《秦王破阵舞》在日本列岛曾风行一时。

遣唐使除了请乐师传授、自己学习"唐乐"外，还把《古今乐录》《乐书要录》《琵琶谱》《横笛》等著名音乐书籍和《万岁乐》《武德乐》《太平乐》《千秋乐》《庆云乐》《王昭君》《兰陵王破阵乐》《打球乐》等百余首名曲传入日本。公元804年（唐德宗贞元二十年，日本桓武天皇延历二十三年），桓武天皇派遣的遣唐使藤原葛野麻吕一行回国，带回了唐朝的宫廷音乐。这些音乐中的一部分曲谱，如"雅乐"，不仅在古代日本宫廷中经常演奏，而且在现代日本社会上也经常公开演出。1959年以后，热心的日本音乐家还将"雅乐"介绍到美国和欧洲国家。还有像排箫、笛、琵琶、筝等中国古代民间乐器，及舞蹈道具如"伎乐面"（假面具）之类，也输入到日本。直到现在，这些珍品尚保存于日本的正仓院里。值得一提的是，中国史书和诗文中常提及的许多乐器，国内今已失传，如金银平脱琴、螺钿紫檀五弦琵琶、阮咸、箜篌等实物，均在正仓院完好保存。吉备真备带回去的《乐书要录》是武则天选编的著名乐书，现仍在日本完好地保存着。这一切，都是我们目前研究唐乐极其宝贵的实物资料。公元701年（武周长安元年，日本文武天皇大宝元年），日本仿唐设立"雅乐寮"，置有"唐乐师""伎乐师"等，专门培养"唐乐"人才。在唐朝学成的藤原贞敏回国后，先后担任了"雅乐助"和"雅乐头"等要职。另外，唐朝的"燕乐""清乐"与日本音乐长期融合，形成了日本的"雅乐"，这是中日音乐交流的结晶。

笛子和钟磬都是遣唐使带回日本的
（日本 NHK 电视台拍摄的《遣唐使》视频截图）

正如田边尚雄在他撰写的《中国音乐在日本》一文中所指出的："奈良时代以后，圣武天皇的天平年间，日本的家庭中和奈良的佛寺中，中国音乐是势力最大的。"从此以后，"唐乐"在日本宫廷中世代相传。当然，经过一千多年的悠久历史，有些乐曲散佚，有些乐曲形式也多少发生了一些变化，但大体上仍未失掉古代"唐乐"的风貌，且仍然保留到今天。

公元 7 世纪，学问僧把佛教舞蹈引进日本，出现了表现佛事礼仪和鬼神菩萨故事的"伎乐"舞蹈。奈良时代，日本的封建制度得到巩固，经济日趋发展，皇亲国戚过着穷奢极欲的生活，极力追求声色上的享受。在唐文化的影响下，出现了为宫廷王室所享受的"舞乐"。在宫廷和神社的直接培育和保护下，造就了一批技艺高超的舞人和乐师。这批专业艺人的出现，对丰富日本民族舞蹈的创作，完善日本民族舞蹈的技巧，以及提高表演艺术，起到了很大的推动作用。那时候的"舞乐"，从形式上已有了文舞和武舞之别。文舞温文尔雅，优美轻盈；武舞手执刀枪，威武雄壮。特别是在 9 世纪末，随着贵族权力的扩大，产生了"庄园制"，贵族们在家里自设歌舞班，分享了宫廷独占的"舞乐"。"舞乐"出现了不同风格流派竞相争艳的繁荣局面。与此同时，还出现了吸收外来"杂乐"和日本乡土歌舞相结合的"田乐"、带有杂技性质的"散乐"、富有喜剧色彩的"猿乐"等，这形成了日本民族艺术史上一个内容丰富、形式多样、技艺高超、人才辈出的舞蹈艺术高峰时期，对公元 1603 年"歌舞伎"的创立和发展产生了直接影响。由此可见，日本最著名的戏剧形式歌舞伎（又称能乐）实际上萌芽于唐代。歌舞伎在创立以后的三百年岁月里，不断摄取民间艺术的养分，博采众长，终于摆脱了唐代佛教舞蹈单调的舞姿束缚，成为一种表现日本民族精神美和气质美的重要艺术形式，至今仍被日本民众视为民族文化的瑰宝，保持着旺盛的生命力。从唐代佛教舞蹈到日本民族歌舞伎的整个演进过程，也正是日本民众善于把外来文化融为已有的又一个生动有力的例子。1979年1月，日本歌舞伎访华团在北京、上海、杭州三市公演，受到中国戏剧爱好者的热烈欢迎，此交流也加深了两国艺术家的相互了解和友谊。

日本的能乐

日本的能乐舞台

唐科学技术在日本的发展

从藤原佐世的《日本国见在书目录》可知，唐代传入日本的科技书籍达三千卷，其中包括数学、天文、医学、建筑、军事等各个方面。

数学书籍传入日本的有三十多部，其中著名的如《周髀》《九章》《六章》《海岛》《缀术》《孙子算经》《数术纪遗》《夏侯阳算经》《张丘建算经》《缉古算经》等。日本"大学寮"还设"算科"，专授中国的数学知识。中国数学成果的东传，加速了日本民族的智力开发。到奈良时期，中国数学已被日本人运用于大型建筑工程的计算，无论在测量方面还是在计算方面，都达到了相当精确的程度。

像其他科学技术一样，随着唐代封建经济的繁荣，中国古老的天文学在这一时期也获得飞速发展，产生了一系列新成就。天文学的各种著作犹如群星闪烁，散发出动人的光彩。由于天文学与农业有着密切的关系，遣唐使自然就积极地学习和传播。首批输入日本的天文学名著有《荆州占》《天文录》《日月食晕占》《天官星占》《流星占》《彗星占》等。7世纪中叶，日本在中务省设"阴阳寮"，设长官"阴阳头"一人，并设阴阳博士、历法博士、天文博士各一人，漏刻博士两人及阴阳师六人。公元 676 年（唐高宗仪凤元年，日本天武天皇三年），日本第一次建立了占星台，进行天文观测。公元 733 年（唐玄宗开元二十一年，日本圣武天皇天平五年），吉备真备回国时带回了天文工具"测影铁尺"一枚、《大衍历经》一卷、《大衍历立成》十二卷。

据史籍记载，日本于公元 690 年（武周天授元年，日本持统天皇四年）始用中国南朝末的《元嘉历》，不久更用唐《仪凤历》（亦称《麟德历》），公元 763 年（唐代宗广德元年，日本淳仁天皇天平宝字七年）改用唐《大衍历》，公元 858 年（唐宣宗大中十二年，日本文德天皇天安二年）又改用唐《五纪历》，公元 861 年（唐懿宗咸通二年，日本清和天皇贞观三年）又行长庆《宣明历》，历时八百二十四年，直到公元 1685 年（清圣祖康熙二十四年，日本灵元天皇贞享二年），日本制成并应用《贞享历》时，中国历法才被废止，但二十四节气法仍习用至今。

中国是世界上首先发明造纸术的国家。中国造纸术传入日本，得到圣德太子的提倡，因而被迅速推广。以善于吸取外来文化和勇于进取而著称于世的日本民族，通过借鉴中国的先进经验，结合自己的创造，充分利用日本当地原料，使日本的造纸工艺获得突飞猛进的发展，最终赶上了中国。盛唐时期，日本已能生产"云纸""编印纸""白柔纸"等质量较高的产品。当时所抄的《法华经义疏》是日本最早用纸张所抄写的经籍的一部分，一直保存至今。遣唐使还向唐输送"似茧而泽"的既有特色又很精致的优质纸品。据《摭异记》记载，日本的黄麻纸输入大唐后，备受唐朝官员的欢迎，专用于书写公函。又如雕刻技术，据《杜阳杂编》所载的飞龙卫士韩志和的故事，就可窥见一斑。韩志和本是日本人，具有超凡的雕刻技艺。据说他所雕刻的鸾鹤鹊之类的鸟，不仅栩栩如生，且在所雕刻鸟的腹内安装有发条，发条拧紧后，宛如现代飞机模型那样，能保持三尺左右的高度飞翔一二百步。他做的木雕小猫，亦能自由自在地捕捉老鼠。唐皇帝曾召见他并观其表演。韩志和曾刻出一个高数尺的踏床，施金银彩绘于其上，名为"见龙床"。置之不动，则不见龙形，若踏之以足，则鳞、爪、牙全部出现，十分逼真。接着韩志和又从怀中拿出数寸见方的一个盒子，从中取出涂有丹砂、名为蝇虎子（即蝇蜘蛛）的玩具一千二百个分列五队，并令其配合宫廷乐人所奏之乐曲而舞蹈。每个虎子宛转于盘上，隐隐作蝇声，一曲既终，则依次而退，井然有序。又使用虎子捕捉数百步之外的苍蝇，则宛若鹘之捕雀，一跃而得。皇帝为其技术之精、妙不可言而惊叹不已，遂赐杂彩和银碗以为褒奖。但他淡泊寡欲，一出宫门，便把所得赐物全部分给他人。此虽是一篇掌故之谈，但流传于民间，并著之于书，足以说明当时日本人在工艺技术方面通过向唐朝学习而不断地得到提高，且工艺成就已达到使唐人为之惊叹的程度了。

中国的早期印刷，据考证创始于公元600年前后，张秀民的《中国印刷术的发明及其影响》一书确定中国雕版印刷技术发明于唐太宗贞观十年（636）；范文澜先生的《中国通史》也认为唐代产生了雕版印刷，并以现存的唐懿宗咸通七年（866）印本《金刚经》为证。公元770年（唐代宗大历五年，日本光仁天皇宝龟元年），雕版印刷术东传日本，首先用于雕印佛教宣传品。当年刻印的《无垢净光大陀罗尼经咒》，现收藏于奈良东大寺的"百万小塔"内。东西方学者一致认为这至今仍是日本也是世界现存最早的印刷品之一。

中国的古代建筑艺术发展到唐代，进入到全盛时期。唐长安城是当时世界上独一无二的规范化的宏伟都城。据考察，该城东西长9721米，南北长8651米，周长约36.7千米；城内有大街东西十一条，南北十四条，宽广笔直，纵横交错，类似棋盘。全城街道间划出了一百一十四个坊（东、西市和曲江池各占去两坊），东西地区各设一个市场，并有贯穿全城的水渠流淌于郭城、宫苑之间。其明确的分区、系统的街道、划一的布局，不仅是中国城市建筑史上的一个创造，也是世界城市建筑史上的一个伟大创举。

日本在"大化改新"前，首都并不固定，凡有天皇宫殿处，即是京城（亦称"宫所"）。自"大化改新"后，由于深受大唐封建文化的熏陶，日本开始接受中国固定统治中心的思想。圣武天皇神龟元年（724）十一月，太政官奏议："京师乃帝王所居，万国朝宗之地，如不壮丽，将何以表德！"日本于公元694年（武周延载元年，日本持统天皇八年）、710年（唐睿宗景云元年，日本元明天皇和同四年）、794年（唐德宗贞元十年，日本桓武天皇延历十三年），先后在奈良、京都建筑了藤原京、平城京和平安京。虽然这几座城占地面积大小不等，但都是仿照唐长安城修建的。其中奈良的平城京尤为典型，面积有长安的四分之一，东西三十二町，南北三十六町，宫城位于城中轴线北部，正角相交的棋盘式街道划出了方形的坊里，街巷中线都直对一个城门，设东、西市，中轴线大街亦称朱雀大街，青瓦、红柱、白墙，各宫殿均挂匾额（横额），整个京城建筑颇为壮观，完全可以与长安城相媲美。日本史学家称它为"富有国际性的小长安"。中国建筑学家梁思成说："平城京与长安的规划是完全一致的。"平城京和长安城大体上都是方形城郭，宫城位置都在城中轴线的北端，市街则向南扩展。

平城京宫城之内建有许多仿唐宫殿，四周有十二道门，主干道都直对一个城门，宫城正门亦称朱雀门，门前干道称朱雀大街。出朱雀门有南北走向的两分市街，分为左、右两京；皇宫的北边是苑池，南面是各个衙门的所在地。"朝堂苑"的太极殿就完全模仿了唐长安大明宫的含元殿；还有一个大学寮，也是完全模仿唐长安国子监，街道如棋盘，布局严整。

可以说，平城京无论从布局上还是建筑形制上都完全是唐朝的建筑风格。当唐长安城原貌遗憾地不复存在时，平城京就成为我们今天研究唐代建筑的一座珍贵的实物模型。

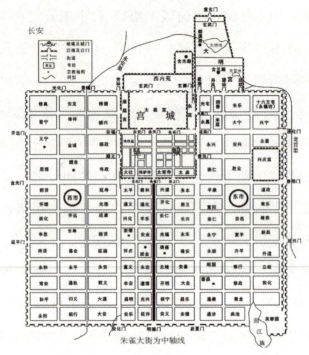

唐长安城

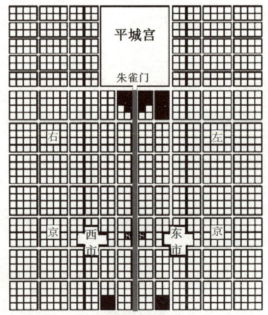

日本平城京

平城京朱雀门

平城京宽 74 米的朱雀大街

日本平城宫

当时的长安是世界上最大的都市（日本
NHK 电视台拍摄的《遣唐使》视频截图）

日本模仿长安，建造了第一座
城市平城京，人口十万（日本
NHK 电视台拍摄的《遣唐使》
视频截图）

　　唐代城市植树绿化，这一点也由学问僧普照传到日本。公元
759 年（唐肃宗乾元二年，日本淳仁天皇天平宝字三年），普照奏
议，令畿内七道各国在驿路两旁种植果树，使得旅人夏日行路累
渴之际，既可在树荫下歇凉，又可采摘水果解渴充饥。

　　在唐代城市建设技术大规模输入日本的同时，中国园林艺术
也成为他们学习的对象。日本的王公贵族们不仅凿池引水，而且
构筑假山，造园成了一门时髦的技艺。作为一个岛国，海洋对日

本的影响很大，因此，海洋再加上中国汉唐以来皇宫园林里的蓬莱三岛，常常成为园林主题。8世纪时，在建设平城京的过程中，宫城内外修建了好几处皇宫园林，如南苑、西池宫、松林苑、鸟池塘等，京城内外的显贵宅邸亦多有庭园。皇室在山川湖海的各种风景胜地大肆兴建离宫别馆。像唐的园林艺术师们所喜爱的名山大川、飞瀑细流，成了园林题材之一；岩石和植物，则成了必要的造园手段。平安京富有泉池木石，造园之风更盛。这里的皇室苑囿有神泉苑、嵯峨院、朱雀院、云林院等，显贵们的园林则附设在宅邸里。到了11世纪，总结唐代园林建筑的专著《作庭记》（又名《前栽秘抄》）问世，使唐代园林工艺之花开遍了日本列岛。

中国先进的军事技术亦受到遣唐使的重视。据《续日本书纪》记载，约在唐肃宗乾元三年（760），中国军事名著《孙子兵法》传入日本。中国的弦缠漆角弓、马上饮水漆角弓、露面漆四节角弓等骑兵必备的角制弓，以及射甲箭、平射箭等步兵必备的箭矢，也由知识渊博的吉备真备等带回日本。吉备真备还在日本朝廷里讲述《诸葛孔明八阵图》与《孙子兵法》，并指导制作仿唐甲胄。中国以剑刀为主体的短兵器更是受到日本民众喜爱。早在汉代，诸如铁质环首大刀之类，就曾大量传入日本。在邪马台国与魏通好时，魏明帝回赠的礼物中，几乎每一次都有若干把大刀。这种交流，在唐代更是继续着。在遣唐使奉献给日本天皇的礼品清单"献物账"上，就记有"唐式大刀""唐刀"等名词。这些剑、刀，都保存在日本著名的正仓院里，成为中日两国兵器交流的历史见证。唐朝经安禄山之乱，武器大量损失，曾提请日本赠送牛角作为造弓材料。于是，日本淳仁天皇天平宝字五年（761）十月，天皇令安艺国（即广岛藩）制造使舶四艘，又令东海、东山、北陆、山阴、南海诸道上贡牛角七千八百只，并令仲石伴为大使、石上宅嗣为副使（后由藤原葛麻吕代之）出使唐朝。不料起航至难波，毁一船，遂未成行。旋于日本淳仁天皇天平宝字六年（762）七月出发，将要出发之际，又因风不顺而中止，最终这批珍贵的兵器原料未能运到中国。

日本汉方医学的形成

中国是古代医学发源地之一。早在公元414年（晋安帝义熙十年，日本允恭天皇三年），中国医学知识已经从朝鲜半岛间接传至日本。公元562年（北周武帝保定二年，日本钦明天皇二十三年），吴人知聪携带医药书《明堂图》等一百六十卷漂洋过海，使中医书籍首次直接传入日本。但是中日间大规模的医学交流则发生在唐代，是由遣唐使团完成的。

唐代中国医学的实践知识得到进一步丰富，特别是对肿瘤病的认识更广泛、更深入、更详细，药物品种增加，方剂创制更为繁多，功效更为显著，医学教育机构也日趋完善。唐朝廷设有世界上最早的医学院——太医署。太医署内设有管理行政事务的太医令、太医丞、医监、医正等，有直接治病的医师、医工、医生、主药、针工、按摩工、咒禁师等，此外有医博士、针博士、按摩博士、咒禁博士各一人，负责教学。医科学生先学《本草》《甲乙经》《明堂》《素问》《脉经》等基础课程，然后再分科进一步学习专业知识。日本也于公元 701 年（武周长安元年，日本文武天皇大宝元年）仿唐制设立了"典药寮"，置医博士、针博士和按摩博士各一人。医（学）生学《甲乙经》《脉经》《新修本草》，针生学《素问》《黄帝内经》《明堂脉诀》，按摩生则学伤折、按摩等；药园师、药园生学《本草》，辨识各种药草形状和栽培技术，这些与唐朝的医学教育制度大同小异。同时，从唐归来的学问僧也在各处设立药园，栽培药用植物。尽管如此，一直到 8 世纪中叶，日本的医学仍然不是很发达，尤其是在本草学方面。所以，每当遣唐使出行时，都有请益的医师随行。

日本文献《文德实录》仁寿三年（853）六月辛酉条载："菅原梶成，右京人也，业练医术，最能处疗。承和元年（834），从聘唐使渡海。朝廷以菅原梶成明达医经，令其请问疑义。"可见他是为解决疑难问题而专程前往长安学习的。菅原梶成留唐学成归国后，先后任针博士和皇宫的御医，是日本医学史上一位颇有声望的医学家。

日本学者善于将中医理论与本国实际情况相结合，在不断实践、总结的基础上创立了日本的"汉方医学"（又称"东洋医学"），其一直在日本医学界占统治地位。正如现代日本医学家高桥真太郎所说，日本早在隋唐时代，直接接受中国大陆文化的影响，使汉方与汉药延传到江户时代，直到荷兰医学势力渐次抬头的幕府之末，世世代代都继承着传统的医学。虽然明治时期"汉方医学"遭到冷落，但那只不过是短暂的一刻。公元 1895 年（清光绪二十一年，日本明治天皇二十八年），以和田启十郎发表《医学之铁椎》为标志，日本民间掀起了复兴中医的运动。今天，古老的"汉方医学"青春焕发，越来越受到日本民众的重视。从第二次世界大战结束以来，诸如"日本东洋医学会""东亚医学协会""全日本汉方医师联盟"之类的中央和地方性中医科研组织如雨后春笋般涌现。

此外，中国药品也曾以赠品形式输入日本。日本正仓院现仍珍藏着由遣唐使团带回的犀角、人参、麝香、胡椒、白芨、龙骨、巴豆、远志、大黄、蜜蜡等唐代四十余种中药和唐代不同规格的陶制药碗、药壶、药瓶、药罐。1948年至1950年，以朝比奈泰彦先生为首，并由各学科专家组成的调查团，对正仓院文物做了仔细研究。他们认为这批珍贵的古物之所以能保存到现在，且主要药物依然未变质，是与日本妥善的储存方法、密致的容器以及正仓院的建筑结构有关。日本医学家们十分珍视这批保存了千余年的唐代文物，视其为"国宝"，称之为"稀世之珍"。这批唐代医药实物，不仅是中华民族灿烂医学成就的一个生动见证，而且是唐代中日两国医学交流的一个历史见证。

值得一提的是，随遣唐使团东渡日本的中国高僧鉴真，通医学，尤精本草学，带去了不少中医知识，奠定了日本"汉方医学"的基础。据《唐大和上东征传》载，鉴真抵日后，除了讲律受戒外，还"开悲田而救济贫病"，从事民间医疗活动。今天已经失传的《鉴真上人秘方》据说就是他处方的记录，其他如"奇效丸""万病药""丰心丹"等良药处方，相传都是鉴真所创制的。藤原

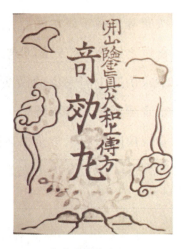

鉴真和尚传方
"奇效丸"药袋

佐世的《日本国见在书目录》中著录的"鉴真上人秘方"竟达一卷之多。公元 10 世纪的日本药书《本草和名》，对鉴真已有记载。至 14 世纪以前，日本医药界都视鉴真为始祖。直到 18 世纪的德川时代，日本包装草药的药袋还印有鉴真的肖像，这表达了日本民众对他的深切怀念。在今天的日本，鉴真仍受到日本民众和医学界的普遍尊敬。正如日本医学史家富士川游在其所写的《日本医学史》中所评价的："日本古代名医虽多，得祀像者，仅鉴真与田代三喜二人而已。"

同时，代表着唐代中国医学先进水平的各种医药书籍如《难经》《张仲景方》《脉经》《葛氏肘后方》《治痈疽方》《治妇人方》《神农本草》《诸病源候论》《外台秘要》《今录验方》《备急千金要方》等，也大量传入日本，为日本医学界所推崇。如杰出的医学家孙思邈所著的《备急千金要方》（简称《千金方》），凡三十卷，卷帙浩繁，是我国医学史上最早的一部规模巨大的综合性医学著作，对隋末唐初药物基础理论和内科、外科、妇科、儿科、针灸、按摩等，做了详尽的总结。日本汉医们高度评价它是一部"绳尺百世之巨著""天壤间绝无仅有之秘籍"。到了平安时代，日本医学家仿照中国医生的做法，开始撰写著作。如公元 984 年（宋太宗雍熙元年，日本圆融天皇永观二年），御医丹波康赖编纂成三十卷规模的隋唐医学全书《医心方》。此书完全以中医为基础，虽无独创性，但至今仍不失为日本现存最大的医学文献。

学问僧西来与中国佛教东传

佛教起源于印度，早在汉代就传入中国。到了隋唐，随着译经技术的进步，特别是著名僧人玄奘访问印度归来，带来了大量佛经，印度佛教与唐代文化融合形成了具有中国特色的佛教流派，佛教从此在中国盛行起来。

公元 522 年（南朝梁武帝普通三年，日本继体天皇十六年），佛教从中国传入日本。公元 552 年（南朝梁元帝承圣元年，日本钦明天皇十三年），日本初建向原寺于高寺郡，到公元 583 年（隋文帝开皇三年，日本敏达天皇十二年），始建塔于大野邱。公元 7 世纪初，日本僧侣随遣唐使经朝鲜半岛到中国求法。《隋书·倭国传》就有这方面的记载：隋大业三年（607），小野妹子赴隋。其所携国书中说："闻海西菩萨天子重兴佛法，故遣朝拜，并沙门十人，来学佛法。"从此日僧赴华取经代不乏人，而尤以唐朝最为频繁。日本学者木宫泰彦统计，留唐学生、学问僧有史可查的为一百二十余人，其中留学生仅有二十余人，而学问僧却多达九十余人。在长安的外国僧侣中，也以日本僧侣为数最多。这表明中日间的佛学交流在唐代的整个文化交流中占有重要的地位。

除入唐的学问僧外，还有请益僧（随遣唐使船往来），他们络绎不绝地奔赴于寺院林立、高僧荟萃的长安、洛阳等地，历访名山大寺，潜心钻研经典，把唐境内流行的各种佛教流派，如法相宗、三论宗、华严宗、成实宗、俱舍宗、律宗（亦称"南山宗"），纷纷向东传至日本，这些佛教流派史称"南都（奈良）六宗"。于是，佛教迅速地以"国教"的姿态广泛流行于日本诸岛。历代的日本朝廷都大力提倡佛教，利用佛教"镇护国家"，这就使佛教历久不衰。

学问僧在唐期间，无不精究释典，道昭、道慈、玄昉、荣睿、普照、永忠、最澄、灵仙、空海、义澄、圆珍、圆仁等，都是中国佛教的优秀传播者。

道昭于公元 653 年（唐高宗永徽四年，日本孝德天皇白雉四年）随遣唐使到长安，拜玄奘为师，习法相宗，后又到扬州隆化寺随慧满习禅宗，公元 661 年（唐高宗龙朔元年，日本天智天皇元年）回国。他在日本建禅元寺，创法相宗。他临逝世前，嘱咐将其火葬，其弟子遵命。他圆寂之后火葬于粟原，从此日本人接受了火葬，并由社会上层逐渐普及到普通民众。

公元 733 年（唐玄宗开元二十一年，日本圣武天皇天平五年）四月，日本兴福寺僧荣睿与大安寺僧普照，带着邀请高僧到日本担任传戒师、建立受戒制度的使命，随同第十次遣唐使多治比广成一行渡海来到中国。在邀请中国高僧鉴真东渡的过程中，荣睿长期颠沛流离，备尝辛苦，不幸于公元 748 年（唐玄宗天宝七年，日本圣武天皇天平二十年）病逝，长眠于中国广东肇庆的鼎湖山下。为了纪念这位中日友好使者，现今，广东人在荣睿圆寂之地建立了纪念碑亭。

灵仙于公元 804 年（唐德宗贞元二十年，日本桓武天皇延历二十三年）随第十七次遣唐使泛海入唐求法，是史书记载的唯一参与唐代译经工作的日本学问僧。公元 810 年（唐宪宗元和五年，日本嵯峨天皇弘仁元年）七月，他奉诏参与在礼泉寺设立的译经工作，翻译《大乘本生心地观经》。罽宾国（今克什米尔）僧人般若作译主，用梵语（古印度语）口述，再由灵仙秉笔译成汉语。可见灵仙对梵语有很深的造诣，而且在汉语文字的音、形、义三方面都有很高的修养。唐宪宗封给灵仙随从皇帝左右的"内廷供奉"官职。灵仙从事译经达十八年之久，于公元 822 年（唐穆宗长庆二年，日本嵯峨天皇弘仁十三年）圆寂于五台山灵境寺。一个日本僧人，漂洋过海，远离故乡，他几乎把一生都献给了佛教的传播事业。虽然那卷帙浩繁的佛教经典至今已网结尘积，很少有人问津，但是灵仙通过翻译所做出的贡献，则像汇入汪洋中的一滴水珠，永不干涸，成为兼容并蓄的中国文化里不可缺少的一分子。

公元804年（唐德宗贞元二十年，日本桓武天皇延历二十三年），遣唐日僧最澄赴浙江天台山禅林寺从道邃学习天台宗，又到越州龙兴寺从顺晓学习真言宗。他于一年后回国，带回经疏等二百三十部，达四百六十卷，还有佛画、佛具等物。最澄在日本琵琶湖畔比睿山设立戒坛院，那里成为日本天台宗道场，迄今犹有影响。最澄圆寂后，留有《法华秀句》《显戒论》等书。嵯峨天皇赐"延历寺"敕额，清和天皇敕许设戒坛院，并追赐最澄"传教大师"谥号，此为日本僧人有大师称号之始。

弘法大师空海，是日本佛教著名的"入唐八家"之一。他十五岁从师舅父阿刀大足，习中国《论语》等，十八岁读《大学》。他博览经史，殊好佛经，二十岁脱俗受戒，后取法名空海。公元804年（唐德宗贞元二十年，日本桓武天皇延历二十三年），三十岁的空海为追求佛法，随第十七次遣唐大使藤原葛野麻吕渡海入唐。留唐两年后，他"得长安青龙寺惠果之密教衣钵"，带回新译经等大量佛教经典和佛像，在日本东大寺创立真言宗，亦称"东密"。公元816年（唐宪宗元和十一年，日本嵯峨天皇弘仁七年），他在高野山设金刚峰寺；公元823年（唐穆宗长庆三年，日本嵯峨天皇弘仁十四年），在京都建真言弘通道场，专门用于传教，其教派至今犹存。空海对唐代文学也颇有造诣，他留下的六卷本著作《文镜密府论》是综合中国汉唐诗歌论著而进行研究的成果，对他以后日本民族诗歌理论的形成产生了积极影响。因空海所引用的中国诗歌论著多数在中国早已失传，所以他的这部著作对中国文学史的研究也有重要意义，可以说是中日两国共存的文化遗产。

慈觉大师圆仁是最澄的弟子，随第十八次遣唐使入唐。他不仅苦心钻研佛教源流，而且注重考察中国社会，回国后著有一部用汉语写成的《入唐求法巡礼行记》，将自己的耳闻目睹写成文章，向日本民众介绍了晚唐时期的政治、经济与社会风尚。此书在今天仍是我们研究唐代文化不可或缺的珍贵资料。

学问僧回国时往往携回大量的佛经佛典，携带最多的要算玄昉了。据《续日本书纪》记载，玄昉于公元 734 年（唐玄宗开元二十二年，日本圣武天皇天平六年）一次就带回佛经达五千卷之多。在此四年以前，即唐玄宗开元十八年（730），长安崇福寺僧智升撰《开元释教录》，统计藏经有一千零七十六部，共五千零四十八卷。由此可知，玄昉携回的经典当系开元大藏经的大部分。

随着佛教的东传，与佛教有关的各种舞蹈、建筑、雕刻、壁画等艺术，也源源不断地传到了日本。正如日本艺术家远藤光一所说："佛教传入日本，使日本的文化飞速发展。无论在思想上、文化上，或是在造型美术中，无论就其广度、深度而言，都更进一步洗练。唐朝的文化、文物源源不绝地流向日本，创造了日本佛教美术的黄金时代。"早在公元 588 年（隋文帝开皇八年，日本崇竣天皇二年），朝鲜半岛的百济国王送了几个寺工、瓦工到日本，帮助建造佛寺。7 世纪初，朝鲜工匠继续到日本，此后日本便有了直接来自中国的工匠。同时日本方面也派出自己的工匠来中国直接学习建寺、造佛艺术。这些工匠回国后，不仅模仿中国从六朝到初唐沿袭的样式，而且还将已经被中国，特别是唐代所吸取并融合了的外国风格，主要是西域、波斯乃至东罗马的艺术风格，移植了过去，使唐代精湛的佛教建筑艺术，在日本所建造的寺院、雕塑的佛像和绘制的佛画上，得以生动再现，这对日本早期的佛教建筑做出了卓越贡献。在天皇的鼓励下，飞鸟时代（538年—646年）的日本佛教建筑艺术进入了百花齐放时期。至6世纪末7世纪初，日本按唐朝寺院样式建成了四天王寺、法兴寺、法隆寺等数十座辉煌壮丽的名刹大寺。日本天平时代（710年—784年）成了日本佛教建筑艺术的黄金时代，各地兴建的仿唐寺院多达四百所。今天，在奈良一带还可以看到仿唐的部分佛教雕刻，其中位于奈良的东大寺，凝集了佛教艺术的精华，为日本最宝贵的佛教建筑之一。公元726年（唐玄宗开元十四年，日本圣武天皇神龟三年），圣武天皇仿武则天营造的洛阳大佛，也在东大寺铸造日本最大的一尊佛像——奈良铜佛，历时二十六年，于公元752年（唐玄宗天宝十一年，日本孝谦天皇天平胜宝四年）完成。奈良铜像落成后高达十六米，重五百吨，耗费了大量的熟铜、白蜡、金和水银，投入劳动力多达二百万人次，所取名字与中国洛阳龙门奉先寺的卢舍那佛一致，至今仍为世界上最大的铜铸佛像之一。

飞鸟时代的法隆寺金堂，世界上最古老的木制建筑之一

飞鸟时代的法隆寺五重塔，世界上最古老的木制建筑之一

日本天平时代所铸东大寺卢舍那大铜佛，即奈良铜佛

　　唐长安的西明寺是仿天竺祇园精舍建筑，为唐代名刹，"廊殿楼台，飞惊接汉，金铺藻栋，眩目晖霞，凡有十院，屋四千余间"，气象万千，蔚为大观。公元 8 世纪初来唐留学的日僧道慈，为西明寺建筑的壮丽所倾倒，于是描绘图样。他回国不久即遇圣武天皇下诏新建大官寺，便于圣武天皇天平元年（729）奉上西明寺图样。天皇大喜，下令在平城京仿建，道慈监造。此寺历时十四年而成，赐名"大安寺"，由道慈主持。从此大安寺成为中日佛学交流的纪念馆之一。值得一提的还有奈良的兴福寺，据陈志华的《外国建筑史》一书所说，兴福寺寺院内的五重塔高达五十一米，虽各层面积不大，比较低矮，但出檐大，所以看上去就像是几层屋檐的重叠，显得轻盈飘逸，仿佛一只雄鹰，横绝大海，从中国飞来，趾爪初落，健翮未收，羽翼间响着呼呼的风声。这座精美的建筑已成为奈良的象征。建于公元 607 年（隋炀帝大业三年，日本推古天皇十五年）的法隆寺，其精致庄重的木结构建筑，虽曾被大火烧毁，但 8 世纪又复修的金堂、五重塔等，布局无不还其原貌，至今仍以世界最古老而最有生气的木结构建筑吸引着来自世界各地的游客。特别要指出的是，法隆寺内壁画与驰名中外的敦煌壁画交相辉映，不愧为中日佛教艺术交流的结晶。

西明寺位置图

中国名僧鉴真东渡日本的故事，更是千古传颂，脍炙人口。鉴真，俗姓淳于，唐代扬州江阳人，生于公元688年（唐武后垂拱四年），十四岁出家，后在扬州传戒，成为誉满淮南的受戒大师。唐玄宗天宝元年（742），鉴真受日僧荣睿、普照的邀请，赴日为"海东之导师"。他不顾"沧海森漫""风急波峻"，于公元743年始，先后五次东渡，均告失败。他虽因为东渡奔波劳累过度，不幸患病，双目失明，备尝艰辛，但仍不退却。鉴真与日僧荣睿、普照，"坚固之志曾无退悔"，共历艰险，同战鲸波，终于于公元754年随遣唐使的船队东渡成功。那时，鉴真虽然已六十六岁，但他仍以老当益壮的精神在日本确立受戒制度，传播戒律，兴建佛寺，深受日本僧侣和民众的欢迎。鉴真于公元759年（唐肃宗乾元二年，日本淳仁天皇天平宝字三年）亲自指导兴建的唐招提寺，雄伟壮观，至今仍屹立于奈良古城。唐招提寺的各种雕塑，充分显示了佛教精神、唐代艺术风格和东方民族性格的和谐统一。它在日本雕塑艺术上的地位，如日本内务省《特别保护建筑物及国宝帐解说》所称赞的："其构造装饰，都足以代表当时最发达的手法和式样""为今日所残存天平时代佛殿中最完备的建筑物。"在鉴真及其弟子们的共同努力下，他所东传的律宗，成为日本"南都六宗"之一。从此以后，日本律法渐趋严整，师师相传，遍于日本寰宇。今天日本律宗以鉴真为开山祖，视唐招提寺为总本寺。

日本孝谦太上皇御题唐招提寺匾额　　　　　唐招提寺金堂

　　鉴真除了把佛教及其艺术传入日本外，还把"二王"书法及自己的书法、医学及饮食知识东传日本。在此须提一下有关豆浆的趣事。据说，豆浆的制作方法就是鉴真带去日本的，难怪日本豆腐店老板至今都视鉴真为自己行业的始祖。

　　公元763年（唐代宗广德元年，日本淳仁天皇天平宝字七年）六月二十一日，鉴真以七十六岁高龄圆寂于奈良，安葬在唐招提寺内。弟子们为了纪念他，用干漆精心制作了一尊高二尺七寸的鉴真和尚坐像。鉴真的雕像赤衣之上披袈裟，瞑目盘坐，两手叠放于双腿之上，面貌安详温和，逼真地再现了鉴真坚毅慈祥的形象。日本民众无限怀念这位文化友好使者，尊他为"过海大师"。鉴真弟子思讬写下不朽的《鉴真和尚传》。日本文豪真人元开依讬此书于公元779年（唐代宗大历十四年，日本光仁天皇宝龟十年）写成了简本《唐大和上东征传》，称鉴真对日本宗教的影响"犹如一灯燃百千灯，瞑者皆明明不绝"。日本友人中村新太郎在《日中两千年》一书中写道："由于鉴真有着高尚、纯洁、不屈不挠的精神，因而为日中两国人民的友谊奠定了坚实而稳固的基础。他的业绩，随着岁月的流逝而愈加放射光辉。"现代日本著名画家东山魁夷绘制的巨幅壁画《山云》和《涛声》即为纪念鉴真而作。1963 年中日两国的宗教界、文化界、医学界举行了纪念鉴真逝世一千二百周年纪念会，借以缅怀这位中日友好使者。在此期间，日本上演了根据著名作家井上靖所作的传记小说《天平之甍》而改编的歌颂鉴真的戏剧。根据此书改编并拍摄成同名历史电影，可视为现

鉴真大师木雕坐像

代日本民众怀念鉴真的又一代表作。在中国大陆方面，为了永久纪念鉴真，中国政府于 1973 年在原扬州法净寺栖灵塔旧址上兴建了"鉴真纪念堂"，郭沫若先生和赵朴初先生分别为其题词、题写碑文。1980 年 4 月 19 日至 4 月 25 日，鉴真坐像被护送回中国的鉴真故乡——扬州大明寺，进行巡回展出。在短短的一周时间里，当地和从上海、南京、陕西、山东、安徽、辽宁等地远道而来的瞻仰者，多达十万人以上，这充分显示了两千年中日文化交流的连绵不绝以及故乡人民对鉴真的崇敬之情。由中国东传的佛教，给日本民众的意识形态和文化生活带来了深刻而持久的影响，正如日本艺术家秋山光和所说："在这些外来影响（指唐文化）中，使日本及社会生活感受最深最久的就是佛教。"

日本民间的唐人风俗

日本留学生、学问僧长期留居唐朝，"和唐人过着同样的生

活，完全唐人化了"（日本学者木宫泰彦语）。他们在钻研学问或宗教之外，把唐人的风俗习惯也传到了日本，对日本民众的衣、食、住等各个方面产生了很大影响。所以说，唐文化对日本的影响无论从广度还是从深度上看，都是难以尽述的。古代日本人的风俗习惯无不唯唐风是尚，至今仍可以看到唐文化的痕迹。例如日本岁时节令，正月元旦饮屠苏酒，正月初七吃"七种菜"，二月过"节分节"，三月初三举行"雏祭"（女儿节），三月上巳（七日）设"曲水宴"，四月初八"浴佛节"，五月初五"端午节"（喝菖蒲酒），七月初七"乞巧祭"（牛郎织女相会），七月十五"中元节"（盂兰盆会），九月初九"重阳节"（饮菊花酒），除夕之夜"驱疫鬼"，等等，无一不是受中国文化濡染的结果。这些节令从奈良时代至平安时代逐渐盛行，传至今日。

中国烹调法由留学生等传入日本后，日本朝廷赐宴都用唐式菜系，甚至点心也用"唐饼"。公元803年（唐德宗贞元十九年，日本桓武天皇延历二十二年）三月，桓武天皇设宴为遣唐使藤原葛野麻吕饯行时，就用中国方法烹调的菜招待他。公元813年（唐宪宗元和八年，日本嵯峨天皇弘仁四年）九月，日本大伴亲王在清凉殿设宴时，也是用名为"汉法"的中国烹调法烧菜。

用米粉做的"乌冬面"是中国人的发明，其被遣唐留学生带回日本（日本 NHK 电视台拍摄的《遣唐使》视频截图）

油炸糖果，日本人称之为"唐果"，是从唐朝传入的，至今还很受当地人们的欢迎（日本 NHK 电视台拍摄的《遣唐使》视频截图）

公元 718 年（唐玄宗开元六年，日本元正天皇养老二年），遣唐使多治比县守回到日本后，进出皇宫一直穿着唐玄宗赐给他的朝服。他在天皇面前对中国服装的优雅美观总是赞不绝口，天皇深受感动。诸大臣看到这个情况，便纷纷仿效唐服，结果导致上流社会移风易俗。次年二月，天皇下诏全国百姓衣服一律以唐服为楷模，皆右襟。又如公元 818 年（唐宪宗元和十三年，日本嵯峨天皇弘仁九年）菅原清公任式部少辅时，奏请朝廷规定天下礼仪，男女衣服都仿唐制，五位以上的官服都改汉式。这些例子在日本文书中，经常可以见到。现在日本人的民族服装"和服"极似唐服，即为此故。日本高松冢出土的古墓壁画中有穿唐服的男、女人像，可视为中国服装东传日本的新证据。

日本人的饮茶习俗是奈良时代从中国传过去的。最初的文献记载是在公元 729 年（唐玄宗开元十七年，日本圣武天皇天平元年）。日本文献《奥仪抄》记载，天平元年（729）四月，天皇曾"召集百僧于禁庭，使讲大般若经，赐茶"。平安时代的弘仁六年（815）四月，嵯峨天皇行幸近江国滋贺的韩崎时，曾随第十七次遣唐使赴华留学的梵释寺大僧永忠亲手煎茶进献，天皇赐以御冠。当时日本人所用的是唐代砖茶，经煮洗把茶叶碾碎，加甘葛、生姜做成团块，投入开水煎服。日本文献《凌云集》载有嵯峨天皇秋日临幸池亭时作的御制诗，其中两句诗为"萧然幽兴处，院里满茶烟"，可见茶已逐渐成为时尚饮品。到后来的镰仓时代，种茶、饮茶已风靡日本全岛。统治者通过茶会炫耀富贵，僧侣们则以茶会更多地布道弘法，民间以茶会进行联谊。饮茶作

西明寺出土茶碾

为一种娱乐享受，在日本人的生活中变得不可缺少了。室町时代，奈良僧人村田珠光把上层社会品茶论质的内容和民间茶会的简易形式相结合，将唐代的单纯饮茶发展成一种娱乐性的社会交际艺术，起名为"茶道"。日本学者桑田忠亲说："茶道已从单纯的趣味娱乐成为表现日本人日常生活文化的规范和理想。"

日本人生活中特有的传统艺术之一——花道，其实也是唐文化的又一变异品种。它最初起源于佛教的插花，随学问僧东传佛教而一并进入日本。12世纪，插花逐渐摆脱了原有的宗教色彩，打破了拘谨古板的形式，从佛像供花演变为供人们欣赏的艺术插花。到15世纪末，开始出现了专门从事插花的花道家，花道日益渗透到一般群众之中，家家户户都爱用盛开的鲜花点缀自己的生活。由此可见，无论茶道还是花道，它们实际上都是唐代中日文化交流的又一特殊、晚熟的成果。

郭沫若先生曾说："中国在隋唐以后，经过好些异族蹂躏，古代的衣冠文物每荡然无存而又另起炉灶。日本则因为岛国的关系，没有受到这种外来的损害，因此隋唐时代的封建文物乃至良风美俗，差不多原封不动地还被保存着。"例如现代日本人热情友好的接待，彬彬有礼的迎送，以及人们频频躬身致礼和一声声"欢迎光临""请多关照"等令人感到亲切的文明礼俗，其实都是在大化改新时期从中国传去的。数千年来，唐代的良风美俗已成为日本的国风了。日本民族对中国这种古典文明礼俗冠以"唐风"的美称。原日本学士院院长山田三良博士也深有感触地说："中国文化和日本文化是同一种子在不同地方生长起来的。"唐文化对日本的影响既广泛又深刻，诸如"唐锄"、"唐锹"、"唐船"、"唐纸"、

"唐本"（书）、"唐笔"（毛笔）、"唐墨"、"唐辛子"（辣椒）、"唐鳗"（黄鳗）、"唐柜"、"唐箕"、"唐镜"、"唐碓"、"唐臼"、"唐花"（菊花）、"唐风"等冠有"唐"字的名词，在日本语言中屡见不鲜，俯拾即是。可见唐文化几乎已经渗透到了日本社会的各个角落。诚如秋山光和先生所说："日本与中国的关系更为密切，开阔了日本人的眼界，使其见到了伟大唐朝的最新创造。这一切，他们都渐渐为适应自己的需要而继承，并加以融汇了。"

就"遣唐使"一词而言，随着时间的推进，在不知不觉中演变成日本"特使"的别名。所谓"遣唐"的"唐"字，也不再限于中国境内，还泛指世界各国的华人，并且由于日本人至今还时常称呼中国为"唐国"（或"唐山"），称中国人为"唐人"，致使现在世界上许多国家都把旅居在他们国家的华侨称为"唐人"，将华侨聚居的村落、市镇称为"唐人街"或"唐人城"，称中国文字为"唐文书"，称中国船舶为"唐船""唐舶"，称中国商品为"唐货"，称中国商业贸易集市为"唐市"，诸如此类，无非都是对中国人民友好的表示，而远离祖国的海外华侨也为"唐国""唐山"这一反映祖国繁荣强盛的名词而感到自豪。从某种意义上来说，这也是唐文明的辉煌成就给中国人民、日本人民，也是给全世界人民留下的生动纪念。

任何一个民族，只要从善如流，勇于并善于吸取外来的先进文化，为己所用，推陈出新，就一定能在较短的时间里促使本民族文化实现飞跃，从而使其民族文化更加繁荣昌盛。唐代近三百年之久的中日文化交流史，充分证明了这一点。古代的日本原是一个文化极其落后的国家，公元 3 世纪时，几乎还孤立于没有开化的列岛之上，直到 4 世纪至 5 世纪才在中国文化的催化下，开始进入文明社会。与中国封建社会的文明史相比，它要落后数以千年的距离。但是，日本承认落后，奋发学习，从公元 6 世纪至 9 世纪，凭着正确的向外民族学习的方法，再加上其对世界先进文明令人惊叹的吸收能力，通过遣唐使、留学生和学问僧等，使得唐朝高度发达的封建文化"不断给予日本新的启迪。因此，中国前进，日本也前进。日本不断吸收中国的优点，经过整理提炼，咀嚼融化，终于在平安朝中期以后，在各个方面都逐渐摆脱了唐风，产生了优美、典雅的日本文化"（日本学者木宫泰彦语），前后仅用了不到三百年的时间，就实现了日本民族文化的繁荣。在近代，日本民族凭着这股奋发图强、积极进取的韧劲和拼劲，通过明治维新，用了不到半个世纪的时间，赶上了欧洲资本主义列强二百多年走过的道路，迅速实现了资本主义的近代化，使日本成为东方唯一摆脱了挨打命运的国家。再看看今天的日本，在第二次世界大战的废墟上，通过改革，用了不到三十年时间赶上了美国，成为当今世界上屈指可数的资本主义现代化国家之一。甚至连西欧人也不得不赞叹："日本的现代化，在把最好的和最先进的西方技术与日本的基本价值观念结合起来的总命题下，一直在迅速向前迈进，其步伐之快，有时令人目眩。它几乎在一切领域里都取得了成功。今天，这个国家的脉搏，正在和战后经济繁荣的强劲节奏、轻松活泼的新型生活方式的节拍，一起跳动。"（英国特雷西·多尔比语）

为什么日本社会在古代、近代和现代先后产生了大化改新、明治维新和战后改革？为什么伴随着这三次改革运动，而产生的向外国学习先进的运动都取得了相当的成功？对于这些问题，日本政界元老吉田茂曾说过一段意味深长的话："勤奋所发挥出来的力量，通过具有特色的进取精神和竞争精神，使日本人勇往直前。日本人放眼世界，真心诚意地吸取世界的长处。"这种勤奋好学和放眼世界，大概就是日本民族在古代、近代和现代连续创造经济和文化奇迹的奥秘所在。

中日两国，"山川异域，风月同天"。中日两个民族，都是伟大的民族；中日两国人民，都是勤劳勇敢的人民。在长达三百年的遣唐使活动中，互相学习，互相交流，共同提高，形成了非常密切的友好关系。在世界及东方文坛上，两国文化，正如孙中山先生所说，"像两朵并蒂开放的莲花"，纯真芳香。

"唐史续编千万代，友谊突破九重天。"今天，中日两国缔结了和平友好条约，两国人民的传统友谊、国家间的睦邻关系，正朝着光明而又广阔的道路发展。我们深信，今后两国间的政治、经济、科学、文化及其各个领域里的交流，会在长期稳定的基础上比唐代更为热烈持久地向新的广度和深度发展。展望未来，中日两国人民世世代代友好下去的愿望一定能够实现，并且，随着这一美好愿望而产生的努力，必将对人类和平与进步事业做出积极贡献。

祝中日人民的友谊像滔滔黄河之水，永流不息！

愿中日两国的和睦如巍巍富士红樱，世代盛开！

参 考 文 献

[1] 中村新太郎. 日本与中国的两千年——人物、文化交流的故事 [M]. 东京：东帮出版社，1978.

[2] 木宫泰彦. 日中文化交流史 [M]. 北京：商务印书馆，1980.

[3] 王辑五. 中国日本交通史 [M]. 北京：商务印书馆，1937.

[4] 汪向荣. 中日关系史资料汇编 [M]. 北京：中华书局，1984.

[5] 梁容若. 中日文化交流史论 [M]. 北京：商务印书馆，1985.

[6] 汪向荣. 古代中日关系史话 [M]. 北京：时事出版社，1986.

[7] 水野明. 日中关系史 [M]. 名古屋：中部日本教育文化

会，1987.

[8] 林屋辰三郎. 日本文化史 ［M］. 东京：株式会社岩波书店，1988.

[9] 渡部升一. 探访历史街道 ［M］. 东京：株式会社 PHP 研究所，1992.

[10] 藤家礼之助. 日中交流二千年 ［M］. 东京：东海大学出版会，1995.

[11] 周一良. 中日文化交流史大系 ［M］. 杭州：浙江人民出版社，1996.

[12] 上田正昭. 归化人 ［M］. 东京：中央公论社，1998.

[13] 鸟越宪三郎. 古代中国与倭族 ［M］. 东京：中央公论社，2000.

[14] 西岛定生. 古代东亚世界和日本 ［M］. 东京：株式会社岩波书店，2000.

[15] 桶口州男. 东亚交流史事典 ［M］. 东京：新人物往来社，2000.

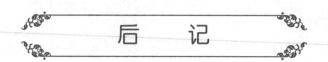

后 记

选定这个主题作为研究对象，是有原因的。在读大学时，选择的第二外语就是日语，当时对于日本在唐代期间曾多次派遣使者到长安的历史，认识很是粗浅。在那个年代，历史教科书上只告诉我们，日本的遣唐使到长安后，将大量的唐文明带回日本，吉备真备以楷书偏旁创造了片假名，年代稍晚一点的学问僧空海以唐代的草书创造了日文的平假名……于是乎，日本才开始有了自己的文字。当然，以现代新的历史观点来看，这样的说法是不完全正确的。日本的书面历史的确发展得很晚，大约到公元712年（奈良时代），才有了最早的历史书《古事记》。公元720年（唐玄宗开元八年，日本元正天皇养老四年），又编写了《日本书纪》，记载天皇的谱系。其后，更有《续日本纪》《扶桑略记》一类的作品。以年代来看，日本的文字系统应该是在逐渐发展中而趋于完备的，并非一两个留学生独立创造而成。但不可否认的是，

8 世纪的日本遣唐使的确为日本带入了许多当时最新、最先进的唐代律法与观念，甚至也在日本表音文字的形成过程里，扮演了重要角色，引领当时的日本走向革新，成为律令国家。当时日本积极革新，派遣大量的使者到邻国取经，有新罗使、渤海使、遣唐使等，由此便可以窥见一二。

遣唐使在日本史中，具有如此重要的地位，在中国的正史记载中却只有寥寥数语；在日本的历史记载里，整个唐代时期前后十九次遣唐计划中如此一大批的遣唐使，姓氏有幸被记录下来的，也只有少数几人。当然，在这十九次遣唐使里，有几次是没有成行的。至于遣唐使及留学生们在长安时都做了些什么，现存的书面历史资料都无法提供令人满意的解答。

2004 年在古都西安发现的那块墓志铭，墓主的名字叫作井真成。他年纪轻轻即离乡背井来到长安，却在三十六岁那年死去，没来得及搭上归乡的船舶而长眠于长安。我读着他的墓志铭，为中日历史上没有此人的相关记载而感伤。一位日本遣唐使客死于长安，毕生不能归乡的事实，开启了我的想象……

公元 717 年（唐玄宗开元五年，日本元正天皇养老元年），日本第九次遣唐使入唐，史上有名的几位留学生有阿倍仲麻吕、吉备真备及学问僧玄昉等，后两位在归国后，由于在各自的领域里都有卓越的成就而被记录了下来。吉备真备后来成为日本的右大臣，是有名的学者及政治家。玄昉回到日本后，据说成了破戒僧，这一点还有待考证，当然也不能在此讨论。至于阿倍仲麻吕，则一生滞留于大唐。当他还是个十六岁的青年时，就怀着入唐的梦想来到长安，我想他一定没有想到，离开故土后再也没能踏上故乡的土地！除了以上三位之外，当时一起入唐的，一定还有许多没有留下姓名的人。那么这些人都到哪里去了呢？他们到了当时的国际化大都市长安后，都做了些什么事呢？这便是我写作《遣唐使在长安》的初衷。

有这么多的事情必须写出来，记录下来，无论是从外交史、社会史角度，还是从民俗史角度，每一部分都是一项挑战，在这一项项挑战中难免会有不足之处，敬请各位读者原谅，也感谢你们愿意花时间来仔细阅读这本书，与我们一同分享这群年轻的留学生在长安的点点滴滴。

《遣唐使在长安》能够成功立项，得到了陕西人民教育出版社的大力支持；本书能顺利完成与出版，也凝聚着陕西人民教育出版社领导和编辑的心血，在此，我们一并表示最衷心的感谢！

唐　群

2014 年 1 月于长安